落其实者思其树，饮其流者怀其源。
谨以此书感谢香港意得集团有限公司对满文古籍文献事业发展的重视以及对满文档案整理研究工作的大力支持。

“十四五”国家重点出版物出版规划项目

清代黑龙江户口档案选编

鄂伦春索伦达呼尔贡貂牲丁册

第三册

黑龙江省档案馆　黑龙江大学满学研究院◎编

黑龍江大學出版社

图书在版编目（CIP）数据

清代黑龙江户口档案选编．鄂伦春索伦达呼尔贡貂牲丁册．光绪朝 / 黑龙江省档案馆，黑龙江大学满学研究院编．-- 哈尔滨 : 黑龙江大学出版社，2023.12
ISBN 978-7-5686-1075-9

Ⅰ．①清… Ⅱ．①黑… ②黑… Ⅲ．①户籍－历史档案－档案整理－黑龙江省－清代 Ⅳ．①K293.5

中国国家版本馆 CIP 数据核字（2023）第 254625 号

清代黑龙江户口档案选编·鄂伦春索伦达呼尔贡貂牲丁册（光绪朝）
QINGDAI HEILONGJIANG HUKOU DANG'AN XUANBIAN · ELUNCHUN SUOLUN DAHU'ER GONGDIAO SHENGDINGCE（GUANGXU CHAO）
黑龙江省档案馆　黑龙江大学满学研究院　编

策　　划　戚增媚　陈连生
责任编辑　魏　玲
出版发行　黑龙江大学出版社
地　　址　哈尔滨市南岗区学府三道街 36 号
印　　刷　哈尔滨市石桥印务有限公司
开　　本　880 毫米 ×1230 毫米　1/16
印　　张　200
字　　数　2562 千
版　　次　2023 年 12 月第 1 版
印　　次　2023 年 12 月第 1 次印刷
书　　号　ISBN 978-7-5686-1075-9
定　　价　1280.00 元（全十册）

目录

管理布特哈索伦达呼尔等处地方副都统衔总管诺穆德勒赫尔等为呈报摩凌阿鄂伦春贡貂牲丁旗佐职名册致黑龙江将军（光绪三年六月二十四日） 1

正红旗阿穆丕木巴牛录贡貂牲丁职名册 1

正红旗托精阿牛录贡貂牲丁职名册 4

正红旗德迷善牛录贡貂牲丁职名册 6

镶白旗和寿牛录贡貂牲丁职名册 7

镶红旗正常牛录贡貂牲丁职名册 9

正蓝旗巴尼遴扎布牛录贡貂牲丁职名册 11

管理布特哈索伦达呼尔等处地方副都统衔总管诺穆德勒赫尔等为呈报布特哈不食饷雅发罕鄂伦春贡貂牲丁旗佐职名册致黑龙江将军（光绪三年六月二十四日） 17

镶黄旗鄂伦春德济木保牛录贡貂牲丁职名册 17

镶黄旗鄂伦春爱图山牛录贡貂牲丁职名册 34

镶黄旗鄂伦春吉隆阿牛录贡貂牲丁职名册 47

正白旗毕拉尔额勒图牛录贡貂牲丁职名册 52

正白旗毕拉尔德木清额牛录贡貂牲丁职名册 56

正红旗鄂伦春托精阿牛录贡貂牲丁职名册 66

镶白旗鄂伦春和寿牛录贡貂牲丁职名册 68

正蓝旗鄂伦春巴尼遴扎布牛录贡貂牲丁职名册 77

【贡貂牲丁职名册】（光绪五年六月二十一日） 83

【镶黄旗鄂伦春】爱图山牛录贡貂牲丁职名册 97

【镶黄旗鄂伦春】吉隆阿牛录贡貂牲丁职名册 109

正白旗毕拉尔额勒图牛录贡貂牲丁职名册 113

正白旗毕拉尔德木清额牛录贡貂牲丁职名册 117

正红旗鄂伦春托精阿牛录贡貂牲丁职名册 126

镶白旗鄂伦春和寿牛录贡貂牲丁职名册 128

正蓝旗鄂伦春巴尼遴扎布牛录贡貂牲丁职名册 136

【贡貂牲丁职名册】（光绪六年六月二十九日） 143
【镶黄旗鄂伦春】爱图山牛录贡貂牲丁职名册 153
【镶黄旗鄂伦春】吉隆阿牛录贡貂牲丁职名册 165
正白旗毕拉尔布喇特琛牛录贡貂牲丁职名册 170
正白旗毕拉尔德木清额牛录贡貂牲丁职名册 175
正红旗鄂伦春托精阿牛录贡貂牲丁职名册 184
镶白旗鄂伦春和寿牛录贡貂牲丁职名册 187
正蓝旗鄂伦春巴尼遴扎布牛录贡貂牲丁职名册 196
管理布特哈索伦达呼尔等处地方副都统衔总管诺穆德勒赫尔等为呈报食饷摩凌阿鄂伦春贡貂牲丁旗佐职名册致黑龙江将军（光绪十一年六月十九日） 203
正红旗都隆阿牛录贡貂牲丁职名册 203
正红旗托精阿牛录贡貂牲丁职名册 206
正红旗德迷善牛录贡貂牲丁职名册 208
镶白旗和寿牛录贡貂牲丁职名册 209
镶红旗正常牛录贡貂牲丁职名册 211
正蓝旗巴尼遴扎布牛录贡貂牲丁职名册 213
管理布特哈索伦达呼尔等处地方副都统衔总管诺穆德勒赫尔等为呈报索伦达呼尔贡貂牲丁旗佐职名册致黑龙江将军（光绪十一年六月十九日） 219
镶黄旗赍吉善牛录贡貂牲丁职名册 219
镶黄旗保元牛录贡貂牲丁职名册 223
镶黄旗音登托克托牛录贡貂牲丁职名册 229
镶黄旗德勒顺牛录贡貂牲丁职名册 233
镶黄旗布空阿牛录贡貂牲丁职名册 237
镶黄旗成明牛录贡貂牲丁职名册 242
镶黄旗拉新吐牛录贡貂牲丁职名册 246
镶黄旗莫墨和济牛录贡貂牲丁职名册 247
镶黄旗奇普松武牛录贡貂牲丁职名册 251
镶黄旗常云牛录贡貂牲丁职名册 255
镶黄旗讷恩登额牛录贡貂牲丁职名册 259
镶黄旗巴凌阿牛录贡貂牲丁职名册 260
正黄旗萨彬吐牛录贡貂牲丁职名册 262
正黄旗奇石巴牛录贡貂牲丁职名册 269
正黄旗兴福牛录贡貂牲丁职名册 277
正黄旗瑞庆牛录贡貂牲丁职名册 282
正黄旗同克牛录贡貂牲丁职名册 292
正黄旗乌克都喜牛录贡貂牲丁职名册 296

正黄旗黑狗牛录贡貂牲丁职名册 301
正黄旗乌勒兴阿牛录贡貂牲丁职名册 306
正黄旗常云阿牛录贡貂牲丁职名册 309
正黄旗三布牛录贡貂牲丁职名册 313
正黄旗托普升额牛录贡貂牲丁职名册 317
正黄旗倭克精阿牛录贡貂牲丁职名册 323
正黄旗西朗阿牛录贡貂牲丁职名册 325
正黄旗业普春牛录贡貂牲丁职名册 329
正黄旗兴亮牛录贡貂牲丁职名册 335
正黄旗海忠牛录贡貂牲丁职名册 342
正黄旗英新保牛录贡貂牲丁职名册 347
正黄旗奇狗牛录贡貂牲丁职名册 351
正黄旗里兴额牛录贡貂牲丁职名册 354
正白旗明凌牛录贡貂牲丁职名册 360
正白旗萨勒扎玛牛录贡貂牲丁职名册 364
正白旗吉林牛录贡貂牲丁职名册 371
正白旗赛清阿牛录贡貂牲丁职名册 376
正白旗克西克吐牛录贡貂牲丁职名册 382
正白旗奇普兴武牛录贡貂牲丁职名册 385
正白旗德依丰阿牛录贡貂牲丁职名册 389
正白旗富常牛录贡貂牲丁职名册 391
正白旗洪泰牛录贡貂牲丁职名册 394
正白旗松寿牛录贡貂牲丁职名册 395
正白旗清明阿牛录贡貂牲丁职名册 399
正白旗精保牛录贡貂牲丁职名册 402
正白旗崇凌牛录贡貂牲丁职名册 407
正白旗双林牛录贡貂牲丁职名册 410
正白旗精通阿牛录贡貂牲丁职名册 416
正白旗英常牛录贡貂牲丁职名册 419
正白旗常福牛录贡貂牲丁职名册 426
正红旗兴福牛录贡貂牲丁职名册 429
正红旗文普牛录贡貂牲丁职名册 431
正红旗凌福牛录贡貂牲丁职名册 432
正红旗明福牛录贡貂牲丁职名册 434
正红旗穆苏孟库牛录贡貂牲丁职名册 436

正红旗岱通阿牛录贡貂牲丁职名册 440
正红旗英隆阿牛录贡貂牲丁职名册 441
正红旗托萨吐牛录贡貂牲丁职名册 443
正红旗精德牛录贡貂牲丁职名册 445
正红旗察隆阿牛录贡貂牲丁职名册 448
正红旗穆通额牛录贡貂牲丁职名册 451
正红旗忠保牛录贡貂牲丁职名册 457
正红旗双凌牛录贡貂牲丁职名册 460
正红旗买通阿牛录贡貂牲丁职名册 463
正红旗贲精额牛录贡貂牲丁职名册 464
正红旗恩特兴阿牛录贡貂牲丁职名册 467
正红旗舒明阿牛录贡貂牲丁职名册 469
镶白旗和山牛录贡貂牲丁职名册 472
镶白旗兴常牛录贡貂牲丁职名册 477
镶白旗定禄牛录贡貂牲丁职名册 479
镶白旗爱新多尔济牛录贡貂牲丁职名册 481
镶白旗凌丰阿牛录贡貂牲丁职名册 484
镶白旗明德牛录贡貂牲丁职名册 485
镶红旗诺钦吉尔嘎儿牛录贡貂牲丁职名册 489
镶红旗德全牛录贡貂牲丁职名册 490
镶红旗扎斯洪阿牛录贡貂牲丁职名册 491
镶红旗蒙库巴雅尔牛录贡貂牲丁职名册 492
镶红旗莫诺惠牛录贡貂牲丁职名册 493
镶红旗狼狗牛录贡貂牲丁职名册 494
镶红旗多们扎普牛录贡貂牲丁职名册 495
正蓝旗卧尔托吉尔嘎儿牛录贡貂牲丁职名册 497
正蓝旗明兴阿牛录贡貂牲丁职名册 499
正蓝旗吉隆阿牛录贡貂牲丁职名册 501
镶蓝旗富全牛录贡貂牲丁职名册 503
镶蓝旗舒敏牛录贡貂牲丁职名册 505
镶蓝旗西拉布牛录贡貂牲丁职名册 507
镶蓝旗富明牛录贡貂牲丁职名册 509
镶蓝旗那新吉尔噶儿牛录贡貂牲丁职名册 511
正红旗都隆阿牛录贡貂牲丁职名册（汉文） 515
正红旗托精阿牛录贡貂牲丁职名册（汉文） 518

正红旗德迷善牛录贡貂牲丁职名册（汉文） 520
镶白旗和寿牛录贡貂牲丁职名册（汉文） 521
镶红旗正常牛录贡貂牲丁职名册（汉文） 523
正蓝旗巴尼音扎普牛录贡貂牲丁职名册（汉文） 525
镶黄旗赉吉善牛录贡貂牲丁职名册（汉文） 529
镶黄旗保元牛录贡貂牲丁职名册（汉文） 533
镶黄旗音登托克托牛录贡貂牲丁职名册（汉文） 539
镶黄旗德勒顺牛录贡貂牲丁职名册（汉文） 543
镶黄旗布空阿牛录贡貂牲丁职名册（汉文） 547
镶黄旗成明牛录贡貂牲丁职名册（汉文） 552
镶黄旗拉新吐牛录贡貂牲丁职名册（汉文） 556
镶黄旗莫墨和济牛录贡貂牲丁职名册（汉文） 557
镶黄旗奇普松武牛录贡貂牲丁职名册（汉文） 561
镶黄旗常云牛录贡貂牲丁职名册（汉文） 565
镶黄旗讷恩登额牛录贡貂牲丁职名册（汉文） 569
镶黄旗巴凌阿牛录贡貂牲丁职名册（汉文） 570
正黄旗萨彬吐牛录贡貂牲丁职名册（汉文） 572
正黄旗奇石巴牛录贡貂牲丁职名册（汉文） 579
正黄旗兴福牛录贡貂牲丁职名册（汉文） 587
正黄旗瑞庆牛录贡貂牲丁职名册（汉文） 592
正黄旗同克牛录贡貂职名册（汉文） 602
正黄旗乌克都喜牛录贡貂牲丁职名册（汉文） 606
正黄旗黑狗牛录贡貂牲丁职名册（汉文） 611
正黄旗乌勒兴阿牛录贡貂牲丁职名册（汉文） 616
正黄旗常云阿牛录贡貂牲丁职名册（汉文） 619
正黄旗三布牛录贡貂牲丁职名册（汉文） 623
正黄旗托普升额牛录贡貂牲丁职名册（汉文） 627
正黄旗倭克精阿牛录贡貂牲丁职名册（汉文） 633
正黄旗西朗阿牛录贡貂牲丁职名册（汉文） 635
正黄旗业普春牛录贡貂牲丁职名册（汉文） 637
正黄旗兴亮牛录贡貂牲丁职名册（汉文） 643
正黄旗海忠牛录贡貂牲丁职名册（汉文） 648
正黄旗英新保牛录贡貂牲丁职名册（汉文） 655
正黄旗奇狗牛录贡貂牲丁职名册（汉文） 659
正黄旗里兴额牛录贡貂牲丁职名册（汉文） 662

正白旗明凌牛录贡貂牲丁职名册（汉文） 668
正白旗萨勒扎玛牛录贡貂牲丁职名册（汉文） 672
正白旗吉林牛录贡貂牲丁职名册（汉文） 679
正白旗赛清阿牛录贡貂牲丁职名册（汉文） 684
正白旗克西克吐牛录贡貂牲丁职名册（汉文） 690
正白旗奇普兴武牛录贡貂牲丁职名册（汉文） 693
正白旗德依丰阿牛录贡貂牲丁职名册（汉文） 697
正白旗富常牛录贡貂牲丁职名册（汉文） 699
正白旗洪泰牛录贡貂牲丁职名册（汉文） 702
正白旗松寿牛录贡貂牲丁职名册（汉文） 703
正白旗清明阿牛录贡貂牲丁职名册（汉文） 707
正白旗精保牛录贡貂牲丁职名册（汉文） 710
正白旗崇凌牛录贡貂牲丁职名册（汉文） 715
正白旗双林牛录贡貂牲丁职名册（汉文） 718
正白旗精通阿牛录贡貂牲丁职名册（汉文） 724
正白旗英常牛录贡貂牲丁职名册（汉文） 729
正白旗常福牛录贡貂牲丁职名册（汉文） 736
正红旗兴福牛录贡貂牲丁职名册（汉文） 739
正红旗文普牛录贡貂牲丁职名册（汉文） 741
正红旗凌福牛录贡貂牲丁职名册（汉文） 742
正红旗明福牛录贡貂牲丁职名册（汉文） 744
正红旗穆苏孟库牛录贡貂牲丁职名册（汉文） 746
正红旗岱通阿牛录贡貂牲丁职名册（汉文） 750
正红旗英隆阿牛录贡貂牲丁职名册（汉文） 751
正红旗托萨吐牛录贡貂牲丁职名册（汉文） 753
正红旗精德牛录贡貂牲丁职名册（汉文） 755
正红旗察隆阿牛录贡貂牲丁职名册（汉文） 758
正红旗穆通额牛录贡貂牲丁职名册（汉文） 761
正红旗忠保牛录贡貂牲丁职名册（汉文） 767
正红旗双凌牛录贡貂牲丁职名册（汉文） 770
正红旗买通阿牛录贡貂牲丁职名册（汉文） 773
正红旗贲精阿（额）牛录贡貂牲丁职名册（汉文） 774
正红旗恩特兴阿牛录贡貂牲丁职名册（汉文） 777
正红旗舒明阿牛录贡貂牲丁职名册（汉文） 779
镶白旗和山牛录贡貂牲丁职名册（汉文） 782

镶白旗兴常牛录贡貂牲丁职名册（汉文） 787
镶白旗定禄牛录贡貂牲丁职名册（汉文） 789
镶白旗爱新多尔济牛录贡貂牲丁职名册（汉文） 791
镶白旗凌丰阿牛录贡貂牲丁职名册（汉文） 794
镶白旗明德牛录贡貂牲丁职名册（汉文） 795
镶红旗诺钦吉尔嘎儿牛录贡貂牲丁职名册（汉文） 799
镶红旗德全牛录贡貂牲丁职名册（汉文） 800
镶红旗扎斯洪阿牛录贡貂牲丁职名册（汉文） 801
镶红旗蒙库巴雅尔牛录贡貂牲丁职名册（汉文） 802
镶红旗莫诺惠牛录贡貂牲丁职名册（汉文） 803
镶红旗狼狗牛录贡貂牲丁职名册（汉文） 804
镶红旗多们扎普牛录贡貂牲丁职名册（汉文） 805
正蓝旗卧尔托吉尔嘎儿牛录贡貂牲丁职名册（汉文） 807
正蓝旗明兴阿牛录贡貂牲丁职名册（汉文） 809
正蓝旗吉隆阿牛录贡貂牲丁职名册（汉文） 811
镶蓝旗富全牛录贡貂牲丁职名册（汉文） 813
镶蓝旗舒敏牛录贡貂牲丁职名册（汉文） 815
镶蓝旗西拉布牛录贡貂牲丁职名册（汉文） 817
镶蓝旗富明牛录贡貂牲丁职名册（汉文） 819
镶蓝旗那新吉尔噶儿牛录牲丁职名册（汉文） 821
【贡貂牲丁职名册】（光绪十一年七月十三日） 825
【镶黄旗】二牛录贡貂牲丁职名册 829
正黄旗头牛录、二牛录贡貂牲丁职名册 836
正白旗头牛录、二牛录贡貂牲丁职名册 852
正红旗头牛录、二牛录贡貂牲丁职名册 867
镶白旗头牛录、二牛录贡貂牲丁职名册 882
镶红旗头牛录、二牛录贡貂牲丁职名册 897
正蓝旗头牛录、二牛录贡貂牲丁职名册 912
镶蓝旗头牛录、二牛录贡貂牲丁职名册 927
【镶黄旗】二牛录贡貂牲丁职名册（汉文） 945
正黄旗头牛录、二牛录贡貂牲丁职名册（汉文） 948
正白旗头牛录、二牛录贡貂牲丁职名册（汉文） 963
正红旗头牛录、二牛录贡貂牲丁职名册（汉文） 978
镶白旗头牛录、二牛录贡貂牲丁职名册（汉文） 993
镶红旗头牛录、二牛录贡貂牲丁职名册（汉文） 1008

正蓝旗头牛录、二牛录贡貂牲丁职名册（汉文） 1023
镶蓝旗头牛录、二牛录贡貂牲丁职名册（汉文） 1037
兴安城署理鄂伦春总管协领凌善为呈报鄂伦春八旗官兵旗佐职名贡貂数致黑龙江将军（光绪十二年五月二十八日） 1053
镶黄旗头牛录、二牛录牲丁职名贡貂数目册 1053
正黄旗头牛录、二牛录牲丁职名贡貂数目册 1069
正白旗头牛录、二牛录牲丁职名贡貂数目册 1085
正红旗头牛录、二牛录牲丁职名贡貂数目册 1100
【镶白旗】头牛录、二牛录牲丁职名贡貂数目册 1115
镶红旗头牛录、二牛录牲丁职名贡貂数目册 1131
正蓝旗头牛录、二牛录牲丁职名贡貂数目册 1147
镶蓝旗头牛录、二牛录牲丁职名贡貂数目册 1162
镶黄旗头牛录、二牛录牲丁职名贡貂数目册（汉文） 1181
正黄旗头牛录、二牛录牲丁职名贡貂数目册（汉文） 1191
正白旗头牛录、二牛录牲丁职名贡貂数目册（汉文） 1206
正红旗头牛录、二牛录牲丁职名贡貂数目册（汉文） 1221
【镶白旗】头牛录、二牛录牲丁职名贡貂数目册（汉文） 1236
镶红旗头牛录、二牛录牲丁职名贡貂数目册（汉文） 1251
正蓝旗头牛录、二牛录牲丁职名贡貂数目册（汉文） 1267
镶蓝旗头牛录、二牛录牲丁职名贡貂数目册（汉文） 1282
【索伦达呼尔贡貂牲丁职名册】（光绪十二年七月初六日） 1299
【镶黄旗】赉吉善牛录贡貂牲丁职名册 1299
【镶黄旗】保元牛录贡貂牲丁职名册 1302
【镶黄旗】音登托克托牛录贡貂牲丁职名册 1309
【镶黄旗】德勒顺牛录贡貂牲丁职名册 1313
【镶黄旗】布空阿牛录贡貂牲丁职名册 1317
【镶黄旗】成明牛录贡貂牲丁职名册 1322
【镶黄旗】拉西勒图牛录贡貂牲丁职名册 1325
【镶黄旗】巴遴牛录贡貂牲丁职名册 1327
【镶黄旗】奇普松武牛录贡貂牲丁职名册 1331
【镶黄旗】常云牛录贡貂牲丁职名册 1335
【镶黄旗】讷恩登额牛录贡貂牲丁职名册 1339
【镶黄旗】巴凌阿牛录贡貂牲丁职名册 1341
正黄旗萨彬吐牛录贡貂牲丁职名册 1343
正黄旗奇石巴牛录贡貂牲丁职名册 1349

正黄旗兴福牛录贡貂牲丁职名册 1357

正黄旗同克牛录贡貂牲丁职名册 1363

正黄旗瑞庆牛录贡貂牲丁职名册 1373

正黄旗乌克都喜牛录贡貂牲丁职名册 1377

正黄旗黑狗牛录贡貂牲丁职名册 1382

正黄旗乌勒兴阿牛录贡貂牲丁职名册 1387

正黄旗常云阿牛录贡貂牲丁职名册 1391

正黄旗三布牛录贡貂牲丁职名册 1394

正黄旗托普升额牛录贡貂牲丁职名册 1399

正黄旗倭克精阿牛录贡貂牲丁职名册 1405

正黄旗德清阿牛录贡貂牲丁职名册 1407

正黄旗业普春牛录贡貂牲丁职名册 1409

正黄旗硕通阿牛录贡貂牲丁职名册 1415

正黄旗海忠牛录贡貂牲丁职名册 1422

正黄旗英新保牛录贡貂牲丁职名册 1427

正黄旗奇狗牛录贡貂牲丁职名册 1431

正黄旗里兴额牛录贡貂牲丁职名册 1434

正白旗明凌牛录贡貂牲丁职名册 1441

正白旗萨勒扎玛牛录贡貂牲丁职名册 1445

正白旗图明额牛录贡貂牲丁职名册 1451

正白旗赛清阿牛录贡貂牲丁职名册 1457

正白旗扎拉汾牛录贡貂牲丁职名册 1464

正白旗奇普兴武牛录贡貂牲丁职名册 1466

正白旗德依丰阿牛录贡貂牲丁职名册 1470

正白旗富常牛录贡貂牲丁职名册 1472

正白旗洪泰牛录贡貂牲丁职名册 1475

正白旗松寿牛录贡貂牲丁职名册 1477

正白旗清明阿牛录贡貂牲丁职名册 1480

正白旗精保牛录贡貂牲丁职名册 1483

正白旗崇凌牛录贡貂牲丁职名册 1489

正白旗双林牛录贡貂牲丁职名册 1491

正白旗精通阿牛录贡貂牲丁职名册 1497

正白旗英常牛录贡貂牲丁职名册 1503

正白旗常福牛录贡貂牲丁职名册 1510

正红旗兴福牛录贡貂牲丁职名册 1513

正红旗文普牛录贡貂牲丁职名册 1515
正红旗凌福牛录贡貂牲丁职名册 1516
正红旗明福牛录贡貂牲丁职名册 1518
正红旗穆苏孟库牛录贡貂牲丁职名册 1520
正红旗岱通阿牛录贡貂牲丁职名册 1524
正红旗英隆阿牛录贡貂牲丁职名册 1525
正红旗扎萨图牛录贡貂牲丁职名册 1527
正红旗兴庸牛录贡貂牲丁职名册 1529
正红旗察隆阿牛录贡貂牲丁职名册 1532
正红旗穆通额牛录贡貂牲丁职名册 1535
正红旗班扎尔达西牛录贡貂牲丁职名册 1541
正红旗双凌牛录贡貂牲丁职名册 1544
正红旗穆克德春牛录贡貂牲丁职名册 1546
正红旗贲精额牛录贡貂牲丁职名册 1547
正红旗恩特兴阿牛录贡貂牲丁职名册 1550
正红旗舒明阿牛录贡貂牲丁职名册 1553
镶白旗和山牛录贡貂牲丁职名册 1556
镶白旗兴常牛录贡貂牲丁职名册 1560
镶白旗定禄牛录贡貂牲丁职名册 1563
镶白旗爱新多尔济牛录贡貂牲丁职名册 1565
镶白旗凌丰阿牛录贡貂牲丁职名册 1567
镶白旗明德牛录贡貂牲丁职名册 1569
镶红旗诺钦吉尔嘎儿牛录贡貂牲丁职名册 1572
镶红旗德全牛录贡貂牲丁职名册 1574
镶红旗扎斯洪阿牛录贡貂牲丁职名册 1575
镶红旗蒙库巴雅尔牛录贡貂牲丁职名册 1576
镶红旗莫诺惠牛录贡貂牲丁职名册 1577
镶红旗狼狗牛录贡貂牲丁职名册 1578
镶红旗多们扎普牛录贡貂牲丁职名册 1579
正蓝旗卧尔托吉尔嘎儿牛录贡貂牲丁职名册 1581
正蓝旗明兴阿牛录贡貂牲丁职名册 1583
正蓝旗吉隆阿牛录贡貂牲丁职名册 1585
镶蓝旗福春牛录贡貂牲丁职名册 1587
镶蓝旗舒敏牛录贡貂牲丁职名册 1588
镶蓝旗西拉布牛录贡貂牲丁职名册 1590

镶蓝旗富明牛录贡貂牲丁职名册 1592
镶蓝旗那新吉尔噶儿牛录贡貂牲丁职名册 1595
管理布特哈索伦达呼尔等处地方副都统衔总管诺穆德勒赫尔等为呈报食饷摩凌阿鄂伦春贡貂牲丁旗佐职名册致黑龙江将军（光绪十二年七月初六日） 1599
正红旗都隆阿牛录贡貂牲丁职名册 1599
正红旗托精阿牛录贡貂牲丁职名册 1601
正红旗德迷善牛录贡貂牲丁职名册 1603
镶白旗和寿牛录贡貂牲丁职名册 1605
镶红旗正常牛录贡貂牲丁职名册 1607
正蓝旗巴尼遴扎布牛录贡貂牲丁职名册 1609
兴安城副都统衔总管乌尔滚巴雅尔为呈报鄂伦春八旗官兵旗佐职名及贡貂数目册致黑龙江将军（光绪十三年） 1615
镶黄旗头牛录、二牛录贡貂牲丁职名册 1615
正黄旗头牛录、二牛录贡貂牲丁职名册 1630
□□旗贡貂牲丁职名册 1651
正白旗头牛录、二牛录贡貂牲丁职名册 1655
正红旗头牛录、二牛录贡貂牲丁职名册 1670
【兴安城副都统衔总管乌尔滚巴雅尔为呈报鄂伦春八旗官兵旗佐职名及贡貂数目册致黑龙江将军（光绪十七年六月初一日）】 1685
【镶黄旗头牛录、】二牛录牲丁职名贡貂数目册 1685
正黄旗头牛录、二牛录牲丁职名贡貂数目册 1698
正白旗头牛录、二牛录牲丁职名贡貂数目册 1713
正红旗头牛录、二牛录牲丁职名贡貂数目册 1728
镶白旗头牛录、二牛录牲丁职名贡貂数目册 1743
镶红旗头牛录、二牛录牲丁职名贡貂数目册 1757
正蓝旗头牛录、二牛录牲丁职名贡貂数目册 1773
镶蓝旗头牛录、二牛录牲丁职名贡貂数目册 1787
镶黄旗头牛录、二牛录牲丁职名贡貂数目册（汉文） 1806
正黄旗头牛录、二牛录牲丁职名贡貂数目册（汉文） 1820
正白旗头牛录、二牛录牲丁职名贡貂数目册（汉文） 1836
正红旗头牛录、二牛录牲丁职名贡貂数目册（汉文） 1850
镶白旗头牛录、二牛录牲丁职名贡貂数目册（汉文） 1864
镶红旗头牛录、二牛录牲丁职名贡貂数目册（汉文） 1879
正蓝旗头牛录、二牛录牲丁职名贡貂数目册（汉文） 1894
镶蓝旗头牛录、二牛录牲丁职名贡貂数目册（汉文） 1908

兴安城副都统衔总管乌尔滚巴雅尔为呈报鄂伦春八旗官兵旗佐职名及贡貂数目册致黑龙江将军（光绪十八年六月初三日） 1927
镶黄旗头牛录、二牛录牲丁职名贡貂数目册 1927
正黄旗头牛录、二牛录牲丁职名贡貂数目册 1941
正白旗头牛录、二牛录牲丁职名贡貂数目册 1953
正红旗头牛录、二牛录牲丁职名贡貂数目册 1966
镶白旗头牛录、二牛录牲丁职名贡貂数目册 1979
镶红旗头牛录、二牛录牲丁职名贡貂数目册 1993
正蓝旗头牛录、二牛录牲丁职名贡貂数目册 2008
镶蓝旗头牛录、二牛录牲丁职名贡貂数目册 2020
镶黄旗头牛录、二牛录牲丁职名贡貂数目册（汉文） 2038
正黄旗头牛录、二牛录牲丁职名贡貂数目册（汉文） 2051
正白旗头牛录、二牛录牲丁职名贡貂数目册（汉文） 2063
正红旗头牛录、二牛录牲丁职名贡貂数目册（汉文） 2075
镶白旗头牛录、二牛录牲丁职名贡貂数目册（汉文） 2088
镶红旗头牛录、二牛录牲丁职名贡貂数目册（汉文） 2101
正蓝旗头牛录、二牛录牲丁职名贡貂数目册（汉文） 2116
镶蓝旗头牛录、二牛录牲丁职名贡貂数目册（汉文） 2128
管理布特哈索伦达呼尔等处地方副都统衔总管福尔苏穆布等为呈报食饷摩凌阿鄂伦春贡貂牲丁旗佐职名册致黑龙江将军（光绪十八年六月二十五日） 2145
正红旗都隆阿牛录贡貂牲丁职名册 2145
正红旗乌尔滚济尔噶勒牛录贡貂牲丁职名册 2147
正红旗德迷善牛录贡貂牲丁职名册 2149
镶白旗和寿牛录贡貂牲丁职名册 2150
镶红旗正常牛录贡貂牲丁职名册 2152
正蓝旗巴尼遴扎布牛录贡貂牲丁职名册 2154
管理布特哈索伦达呼尔等处地方副都统衔总管福尔苏穆布等为呈报索伦达呼尔贡貂牲丁旗佐职名册致黑龙江将军（光绪十八年六月二十五日） 2159
镶黄旗福清阿牛录牲丁职名册 2159
镶黄旗保元牛录牲丁职名册 2162
镶黄旗音登托克托牛录牲丁职名册 2167
镶黄旗德兴阿牛录牲丁职名册 2170
镶黄旗布空阿牛录牲丁职名册 2173
镶黄旗成明牛录牲丁职名册 2177
镶黄旗英福牛录牲丁职名册 2179
镶黄旗福聂松阿牛录牲丁职名册 2181

镶黄旗庄清牛录牲丁职名册 2185
镶黄旗常云牛录牲丁职名册 2187
镶黄旗讷恩登额牛录牲丁职名册 2191
镶黄旗伯庆牛录牲丁职名册 2192
正黄旗萨彬吐牛录牲丁职名册 2194
正黄旗奇石巴牛录牲丁职名册 2199
正黄旗里兴额牛录牲丁职名册 2206
正黄旗同克牛录牲丁职名册 2211
正黄旗倭克精阿牛录牲丁职名册 2219
正黄旗正通牛录牲丁职名册 2223
正黄旗黑狗牛录牲丁职名册 2227
正黄旗德清阿牛录牲丁职名册 2231
正黄旗沃赫勒图牛录牲丁职名册 2235
正黄旗三布牛录牲丁职名册 2238
正黄旗托普升额牛录牲丁职名册 2242
正黄旗库禄山牛录牲丁职名册 2246
正黄旗霍洛山牛录牲丁职名册 2249
正黄旗扎俸阿牛录牲丁职名册 2251
正黄旗硕通阿牛录牲丁职名册 2256
正黄旗赫色布牛录牲丁职名册 2262
正黄旗温忠牛录牲丁职名册 2266
正黄旗囊海牛录牲丁职名册 2270
正黄旗布库波勒多牛录牲丁职名册 2274
正白旗明凌牛录牲丁职名册 2279
正白旗萨勒扎玛牛录牲丁职名册 2283
正白旗凌托牛录牲丁职名册 2288
正白旗赛清阿牛录牲丁职名册 2293
正白旗扎拉汾牛录牲丁职名册 2298
正白旗成德牛录牲丁职名册 2300
正白旗德依丰阿牛录牲丁职名册 2303
正白旗富常牛录牲丁职名册 2305
正白旗洪泰牛录牲丁职名册 2307
正白旗松寿牛录牲丁职名册 2309
正白旗托布清德牛录牲丁职名册 2312
正白旗精保牛录牲丁职名册 2315

正白旗济勒特牛录牲丁职名册 2320
正白旗双林牛录牲丁职名册 2321
正白旗双德牛录牲丁职名册 2326
正白旗英常牛录牲丁职名册 2332
正白旗常福牛录牲丁职名册 2337
正红旗兴福牛录牲丁职名册 2340
正红旗勒海牛录牲丁职名册 2341
正红旗郭顺牛录牲丁职名册 2343
正红旗明福牛录牲丁职名册 2344
正红旗都明牛录牲丁职名册 2346
正红旗岱通阿牛录牲丁职名册 2348
正红旗英隆阿牛录牲丁职名册 2350
正红旗扎萨图牛录牲丁职名册 2351
正红旗兴庸牛录牲丁职名册 2353
正红旗察隆阿牛录牲丁职名册 2355
正红旗穆通额牛录牲丁职名册 2357
正红旗班扎尔达西牛录牲丁职名册 2363
正红旗星德牛录牲丁职名册 2366
正红旗德海牛录牲丁职名册 2367
正红旗贲精额牛录牲丁职名册 2369
正红旗铁郭牛录牲丁职名册 2372
正红旗星清阿牛录牲丁职名册 2374
镶白旗和山牛录牲丁职名册 2377
镶白旗兴常牛录牲丁职名册 2381
镶白旗定禄牛录牲丁职名册 2382
镶白旗爱新多尔济牛录牲丁职名册 2384
镶白旗昌清牛录牲丁职名册 2386
镶白旗明德牛录牲丁职名册 2387
镶红旗诺钦吉尔嘎儿牛录牲丁职名册 2391
镶红旗德全牛录牲丁职名册 2392
镶红旗扎斯洪阿牛录牲丁职名册 2393
镶红旗蒙库巴雅尔牛录牲丁职名册 2394
镶红旗莫诺惠牛录牲丁职名册 2395
镶红旗狼狗牛录牲丁职名册 2396
镶红旗多们扎普牛录牲丁职名册 2397

正蓝旗卧尔托吉尔嘎儿牛录牲丁职名册 2398
正蓝旗明兴阿牛录牲丁职名册 2400
正蓝旗吉隆阿牛录牲丁职名册 2402
镶蓝旗硕尔吉山牛录牲丁职名册 2403
镶蓝旗舒敏牛录牲丁职名册 2404
镶蓝旗西拉布牛录牲丁职名册 2406
镶蓝旗富明牛录牲丁职名册 2408
镶蓝旗那新吉尔噶儿牛录牲丁职名册 2410
布特哈总管为呈报进纳貂皮牲丁皮张数目及设兴安城撤出鄂伦春牲丁数目事致黑龙江将军（光绪二十年五月初二日） 2415
布特哈地方贡貂牲丁数目册（光绪二十年六月十四日） 2435
布特哈镶黄旗贡貂牲丁数目册 2435
布特哈正黄旗贡貂牲丁数目册 2441
布特哈正白旗贡貂牲丁数目册 2450
布特哈正红旗贡貂牲丁数目册 2459
布特哈镶白旗贡貂牲丁数目册 2467
布特哈镶红旗贡貂牲丁数目册 2469
布特哈正蓝旗贡貂牲丁数目册 2472
布特哈镶蓝旗贡貂牲丁数目册 2474
署理兴安城鄂伦春官兵副都统衔总管关防事务协领宜铿额为呈报贡貂鄂伦春八旗官兵旗佐职名貂皮数致黑龙江将军（光绪二十年六月二十日） 2481
镶黄旗头牛录、二牛录牲丁职名贡貂数目册 2481
正黄旗头牛录、二牛录牲丁职名贡貂数目册 2495
正白旗头牛录、二牛录牲丁职名贡貂数目册 2507
正红旗头牛录、二牛录牲丁职名贡貂数目册 2519
镶白旗头牛录、二牛录牲丁职名贡貂数目册 2531
镶红旗头牛录、二牛录牲丁职名贡貂数目册 2545
正蓝旗头牛录、二牛录牲丁职名贡貂数目册 2560
镶蓝旗头牛录、二牛录牲丁职名贡貂数目册 2571
镶黄旗头牛录、二牛录牲丁职名贡貂数目册（汉文） 2590
正黄旗头牛录、二牛录牲丁职名贡貂数目册（汉文） 2603
正白旗头牛录、二牛录牲丁职名贡貂数目册（汉文） 2615
正红旗头牛录、二牛录牲丁职名贡貂数目册（汉文） 2627
镶白旗头牛录、二牛录牲丁职名贡貂数目册（汉文） 2639
镶红旗头牛录、二牛录牲丁职名贡貂数目册（汉文） 2652
正蓝旗头牛录、二牛录牲丁职名贡貂数目册（汉文） 2667

镶蓝旗头牛录、二牛录牲丁职名贡貂数目册（汉文） 2678

【索伦达呼尔贡貂牲丁旗佐职名册】（光绪二十年六月二十九日） 2697

【镶黄旗】波雍德勒赫尔牛录贡貂牲丁职名册 2698

【镶黄旗】音登托克托牛录贡貂牲丁职名册 2703

【镶黄旗】济克色布牛录贡貂牲丁职名册 2707

【镶黄旗】常云牛录贡貂牲丁职名册 2710

【镶黄旗】成明牛录贡貂牲丁职名册 2714

【镶黄旗】英福牛录贡貂牲丁职名册 2716

【镶黄旗】福聂松阿牛录贡貂牲丁职名册 2718

【镶黄旗】德兴阿牛录贡貂牲丁职名册 2722

【镶黄旗】保元牛录贡貂牲丁职名册 2725

【镶黄旗】讷恩登额牛录贡貂牲丁职名册 2729

【镶黄旗】伯庆牛录贡貂牲丁职名册 2730

正黄旗萨彬吐牛录贡貂牲丁职名册 2732

正黄旗奇石巴牛录贡貂牲丁职名册 2737

正黄旗里精阿牛录贡貂牲丁职名册 2745

正黄旗同克牛录贡貂牲丁职名册 2750

正黄旗倭克精阿牛录贡貂牲丁职名册 2759

正黄旗正通牛录贡貂牲丁职名册 2763

正黄旗沃赫勒图牛录贡貂牲丁职名册 2767

正黄旗德清阿牛录贡貂牲丁职名册 2772

正黄旗铁顺牛录贡貂牲丁职名册 2776

正黄旗三布牛录贡貂牲丁职名册 2779

正黄旗托普升额牛录贡貂牲丁职名册 2783

正黄旗库禄山牛录贡貂牲丁职名册 2788

正黄旗霍洛山牛录贡貂牲丁职名册 2791

正黄旗扎俸阿牛录贡貂牲丁职名册 2793

正黄旗明忠牛录贡貂牲丁职名册 2798

正黄旗赫色布牛录贡貂牲丁职名册 2804

正黄旗温忠牛录贡貂牲丁职名册 2809

正黄旗囊海牛录贡貂牲丁职名册 2813

正黄旗布库波勒多牛录贡貂牲丁职名册 2817

正白旗明凌牛录贡貂牲丁职名册 2823

正白旗哈勒珲牛录贡貂牲丁职名册 2827

正白旗济勒特牛录贡貂牲丁职名册 2832

正白旗赛清阿牛录贡貂牲丁职名册 2837
正白旗扎拉汾牛录贡貂牲丁职名册 2842
正白旗成德牛录贡貂牲丁职名册 2844
正白旗德依丰阿牛录贡貂牲丁职名册 2848
正白旗富常牛录贡貂牲丁职名册 2850
正白旗洪泰牛录贡貂牲丁职名册 2852
正白旗凌清牛录贡貂牲丁职名册 2854
正白旗托布清德牛录贡貂牲丁职名册 2857
正白旗精保牛录贡貂牲丁职名册 2860
正白旗察隆阿牛录贡貂牲丁职名册 2865
正白旗双林牛录贡貂牲丁职名册 2867
正白旗双德牛录贡貂牲丁职名册 2873
正白旗英常牛录贡貂牲丁职名册 2878
正白旗常福牛录贡貂牲丁职名册 2885
正红旗景顺牛录贡貂牲丁职名册 2887
正红旗勒海牛录贡貂牲丁职名册 2889
正红旗郭顺牛录贡貂牲丁职名册 2891
正红旗明福牛录贡貂牲丁职名册 2892
正红旗都明牛录贡貂牲丁职名册 2894
正红旗岱通阿牛录贡貂牲丁职名册 2896
正红旗英隆阿牛录贡貂牲丁职名册 2898
正红旗扎萨图牛录贡貂牲丁职名册 2899
正红旗兴庸牛录贡貂牲丁职名册 2901
正红旗察隆阿牛录贡貂牲丁职名册 2903
正红旗穆通额牛录贡貂牲丁职名册 2906
正红旗班扎尔达西牛录贡貂牲丁职名册 2911
正红旗星德牛录贡貂牲丁职名册 2914
正红旗德海牛录贡貂牲丁职名册 2916
正红旗责精额牛录贡貂牲丁职名册 2917
正红旗铁郭牛录贡貂牲丁职名册 2921
正红旗星清阿牛录贡貂牲丁职名册 2923
镶白旗和山牛录贡貂牲丁职名册 2926
镶白旗兴常牛录贡貂牲丁职名册 2929
镶白旗定禄牛录贡貂牲丁职名册 2931
镶白旗爱新多尔济牛录贡貂牲丁职名册 2933

镶白旗昌清牛录贡貂牲丁职名册 2935
镶白旗珠尔噶山牛录贡貂牲丁职名册 2936
镶红旗诺钦吉尔嘎儿牛录贡貂牲丁职名册 2940
镶红旗德全牛录贡貂牲丁职名册 2941
镶红旗扎斯洪阿牛录贡貂牲丁职名册 2942
镶红旗蒙库巴雅尔牛录贡貂牲丁职名册 2943
镶红旗呼图尔扎布牛录贡貂牲丁职名册 2944
镶红旗狼狗牛录贡貂牲丁职名册 2945
镶红旗多们扎普牛录贡貂牲丁职名册 2946
正蓝旗卧尔托吉尔嘎儿牛录贡貂牲丁职名册 2948
正蓝旗明兴阿牛录贡貂牲丁职名册 2950
正蓝旗吉隆阿牛录贡貂牲丁职名册 2951
镶蓝旗硕尔吉山牛录贡貂牲丁职名册 2952
镶蓝旗西木噶济尔噶儿牛录贡貂牲丁职名册 2954
镶蓝旗西拉布牛录贡貂牲丁职名册 2955
镶蓝旗国瓦木布琫克西克牛录贡貂牲丁职名册 2957
镶蓝旗那新吉尔噶儿牛录贡貂牲丁职名册 2959
布特哈副都统为报送摩凌阿鄂伦春贡貂牲丁旗佐职名册致黑龙江将军（光绪二十一年五月二十四日） 2963
正红旗都隆阿牛录贡貂牲丁职名册 2963
正红旗乌尔滚济尔噶勒牛录贡貂牲丁职名册 2965
正红旗德迷善牛录贡貂牲丁职名册 2967
镶白旗和寿牛录贡貂牲丁职名册 2968
镶红旗正常牛录贡貂牲丁职名册 2970
正蓝旗巴尼遴扎布牛录贡貂牲丁职名册 2971
为报送毕拉尔路鄂伦春贡貂官兵旗佐职名册致黑龙江将军（光绪二十三年六月初八日） 2977

正紅旗

都隆阿佐領下佐領德迷善

雲騎尉　正良

驍騎校明忠阿

驍騎校全福善

八品監生訥恩德恩保
八品監生德克登布
領催德豐阿
領催庫們楚
領催正有
領催芮登
領催達滿阿
披甲富色德
披甲松福
披甲訥恩德恩保

披甲和隆額

披甲凌里善

披甲小廸善

披甲托克托布

披甲里豐阿

披甲富克吉布

披甲阿拉岱

披甲布庫巴爾霍

披甲英忠

此佐領下牲丁二十三名

托精阿佐领下骁骑校依吉斯浑
八品监生明庆
八品监生依克唐阿
领催阿彦托克托
领催英丰阿
领催金楚岱
领催胡尼吐
领催金崇额
领催海凌
披甲忠格

披甲班濟尔扎普
披甲富山
披甲莊福
披甲胡那善
披甲凌明
披甲蘇興阿
披甲賡吉訥
披甲富林
披甲尚福

此佐領下牲丁十九名

德迷善佐领下八品蓝翎章通
领催 楚保
领催 雙福
领催 海迷善
披甲 托濟善
披甲 西蒙额
披甲 花沙布
披甲 明奇
披甲 興福
披甲 提洋福

披甲凌格布

此佐領下牲丁 十一名

此旗共牲丁 五十三名

鑲白旗

和壽佐領下佐領和壽

驍騎校翁壽

領催正福

領催西圖善

領催正登福

領催正慶

領催 奇車布
領催 烏迷那
披甲 囊慶
披甲 廷扎
披甲 奇通阿
披甲 吉勒章阿
披甲 凌忠
披甲 奇隆阿
披甲 保住
披甲 厄勒德渁

披甲特禄善

披甲章恵

披甲雙福

披甲奇吐

此佐領下牲丁二十名

鑲紅旗

正常佐領下佐領正常

佐領都隆阿

驍騎校金棟阿

領催厄爾恒厄

领催尼音楚洪阿
领催正良
领催正興
领催蘇尼音嚭
披甲雙成
披甲占楚渾
披甲郭西洪阿
披甲丁新扎普
披甲丁勇
披甲唐賓

披甲常明

披甲富順

披甲金凱

披甲托精阿

此佐領下牲丁十八名

正藍旗

巴尼音扎普佐領下佐領巴尼音扎普

雲騎尉卮哲斯洪阿

雲騎尉烏新哲

驍騎校特隆額

八品監生岳們多爾濟

八品監生明保

領催正紳保

領催博依闊吉爾嘎兒

領催依崩厄

領催西屯扎普

領催秦斐音吉爾嘎兒

領催雲德善

披甲岳們多爾濟

披甲克西蒙庫

披甲精興阿

披甲英吉爾嘎兒

披甲訥斯渾吉爾嘎兒

披甲阿們吉爾嘎兒

披甲勇興尼

披甲達爾吉郎

披甲特克興克喜克

披甲尼敏吉爾嘎兒

披甲凌明

披甲平福

披甲泰斐音多爾濟

披甲博依闊扎

披甲西通阿

披甲正保

披甲清明

此佐領下牲丁二十九名

以上食餉墨淩阿鄂倫春共牲

丁一百二十名每名應交貂皮一張

貂皮拴紅紬条並將旗佐名目

部落合併聲明須至冊者

鑲黄旗

貴吉善佐領下八品監生格清阿

八品監生興壽

領催吉明阿

領催明常

領催邱旺明
領催和勒善
領催鉄狗
領催良慶
披甲壽禄
披甲恒常
披甲忠朗
披甲托莫善
披甲剛奇咬兒
披甲吉克松阿

披甲精松阿

披甲富興阿

披甲富興

披甲恒福

披甲保慶

披甲常明

披甲松淩

披甲巴尔當沙達朗

披甲明朗

披甲海定

披甲喀拉瑪

披甲周全

披甲倭克金

披甲玉旺慶

披甲富克吉布

披甲小順保

披甲壽敏德

披甲壽清

披甲霍勃通阿

此佐領下牲丁三十三名

保元佐领下佐领德勒顺
佐领布空阿
雲騎尉雙保
雲騎尉吉禄善
雲騎尉訥清阿
驍騎校托吉善
驍騎校多尔金布
六品廕生永隆多尔濟
八品監生玉旺亮
八品監生保慶

八品監生全新德
八品監生玉旺福
八品監生西禄善
領催當森九普
領催忠慶河
領催忠順布
領催綳碩克
領催巴勒楚克
披甲凌德
披甲喜禄

披甲剛西朗

披甲來博免

披甲西林布

披甲恩特恨保

披甲迪崩額

披甲玉旺興

披甲吉興

披甲來慶

披甲達瑪爾扎普

披甲特依布善

披甲周西巴
披甲興慶
披甲保亮
披甲保慶
披甲聶車墨
披甲慶亮
披甲忠格
披甲吉禄善
披甲保隆
披甲忠壽

披甲景壽

披甲玉旺祿

披甲保住

披甲富亮

披甲吉慶

披甲依車布

披甲勒特善

披甲圖克西布

披甲景朗

披甲興阿

披甲巴英郭
披甲喜崇阿
披甲福格兜
披甲恩特和恩德
披甲景　劉
披甲鈇新德
披甲蘇伯通額
披甲布雲多尔濟
披甲文　慶
披甲勝　海

披甲富海

披甲郭常

此佐領下牲丁六十二名

音登托克托佐領下佐領貴吉善

佐領常雲

雲騎尉伯福

雲騎尉英慶

驍騎校富清阿

八品監生鈌淩

八品監生尼克湍

八品監生黑朗

八品監生淩新保

八品監生泰斐音布

八品監生鉄狗

八品監生色克吞

八品監生雙保

領催英淩

領催常山

領催舒清阿

領催慶海

領催淩常
披甲慶霍
披甲恩特恒阿
披甲定金
披甲恒禄
披甲張壽
披甲德通阿
披甲常泰
披甲定禄
披甲阿穆爾琿

披甲雙明

披甲依保

披甲提朗

披甲額勒金布

披甲依楞額

披甲常霍

披甲淩吞

披甲黑保

披甲貝善

披甲定福

披甲恒常

披甲常保

披甲喜禄

披甲阿穆尔托克托

披甲賽布善

此佐領下牲丁四十二名

德勒順佐領下雲騎尉保明

驍騎校丹金保

八品監生瑪克善

八品監生勒精阿

八品監生瑪克薩爾扎普
八品監生烏　郎
八品監生黑　蘭
八品監生保　全
領催慶　福
領催莊　慶
領催明　榴
領催正　慶
披甲特克新布
披甲候　勒

披甲巴克善
披甲全祥
披甲正新布
披甲全新德
披甲依勒特布
披甲正格布
披甲英壽
披甲托保
披甲依克哲布
披甲阿勒嘎善

披甲吉克湍
披甲布庫綽洛
披甲雙保
披甲景慶
披甲烏里布
披甲壽郎
披甲雙崇
披甲芮楞阿
披甲西爾嘎吐
披甲保慶

披甲平昂

披甲慶郎

披甲白通

披甲雙良

披甲文常

披甲哲特布

此佐領下牲丁四十名

布空阿佐領下雲騎尉阿克丹保

雲騎尉托普崇武

雲騎尉善平

八品廕生乌勒西善
八品廕生铁　善
八品监生乌金泰
八品监生海　郎
八品监生铁　忠
笔帖式忠　寿
笔帖式吉　通
领催舒勒洪额
领催阿彦图穆尔
领催常　明

领催明绅保
领催德豐阿
领催吉農善
披甲莽壽
披甲富平
披甲和里布
披甲該章阿
披甲定朗
披甲阿善
披甲忠凌

披甲霍奇朗

披甲安慶阿

披甲忠慶

披甲慶元

披甲慶明

披甲珠勇阿

披甲圖穆尔扎普

披甲巴尔佳布

披甲玉旺慶

披甲該占保

披甲胡克吉布
披甲德春保
披甲扎木色楞
披甲凯保
披甲薩拉松阿
披甲景狗
披甲兆奇
披甲郭來
披甲安祥
披甲有明

披甲墨疑阿
披甲景隆
披甲雙禄
披甲海山
披甲景色楞
披甲鉄全

此佐領下牲丁四十九名

成明佐領下佐領成明
佐領拉西拉吐
雲騎尉忠慶阿

雲騎尉成　順

驍騎校明　唐

六品蓝翎生定　精

八品監生定　永

八品監生清　狗

八品監生德吉特克喜克

八品監生狼　狗

領催白　狗

領催富勒和

領催定　生

领催定禄

领催正狗

领催鈇保

披甲成雲

披甲新德善

披甲成勇

披甲隆福

披甲文哲布

披甲定恭

披甲鈇狗

披甲成禄依
披甲崇　德
披甲鈇欽德
披甲雙　格
披甲來綳阿
披甲訥蘇鏗厄
披甲安　平
披甲榮　慶
披甲定　常

此佐領下牲丁三十二名

拉新吐佐領下佐領巴淩阿
八品監生狼 狗
領催維明阿
領催訥淩阿
領催巴㖦阿
領 催賡古善
披甲廸迷善
披甲扎克丹布
披甲尼祿善
披甲舒 通

披甲來喜

披甲洋狗

披甲明圖善

披甲恩特善

披甲瑞山

披甲定山

披甲春福

披甲舒保

此佐領下牲丁十八名

莫墨和濟佐領下雲騎尉常海

雲騎尉 芬 保
雲騎尉阿拉哈
驍騎校依 禄
八品監生舒通阿
八品監生和 常
八品監生哲禄善
八品監生昂 全
領 催邱 旺 德
領 催伯欽扎普
領 催凌 狗

領催德興阿

領催賡金布

領催容朗

披甲保福

披甲色尼善

披甲德勒炳額

披甲精舒翁阿

披甲雙喜

披甲興明

披甲德楞額

披甲奇善

披甲登塔

披甲奇興阿

披甲興禄

披甲多西勒吐

披甲正海

披甲豐全

披甲慶德

披甲興福

披甲南忠

披甲吉隆阿
披甲訥蘇肯
披甲正禄
披甲登福
披甲正常
披甲奇興狗
披甲吉蒙多尔濟
披甲慶狗

此佐領下牲丁三十九名

奇普松武佐領下雲騎尉巴達朗阿

雲騎尉托 金德

雲騎尉依里綳阿

八品監生郭勒明阿

八品監生穆克德恩布

八品監生烏 和通額

八品監生保 福

八品監生景 恭

領催來 鎖

領催德興阿

領催勇慶阿

领催勇钦德
领催劉清阿
领催芮賡額
披甲和隆
披甲穆克登阿
披甲英恭
披甲尚全
披甲英禄
披甲雙來
披甲景凌

披甲賽沙布
披甲白狗
披甲那木薩尔扎普
披甲蘭欽德
披甲額勒和訥
披甲烏尔泰阿
披甲烏勒西松額
披甲和尔登阿
披甲烏勒興額

此佐領下牲丁三十名

常　雲佐領下佐領保元

雲騎尉　愛　慶

雲騎尉全　山

八品監生伯　全

八品監生精　慶

八品監生孟　庫善

八品監生富　全

八品監生保　福

八品監生凌　慶

八品監生明　永

八品監生巴雅爾吐
領催達木倫
領催舒通
領催保徵
領催瑪達善
領催莊海
領催莊祿
披甲那客尔
披甲喜住
披甲德和勒吐

披甲伯勒和吐

披甲伯慶阿

披甲訥賚善

披甲英海

披甲色克吞

披甲正祿

披甲莫諾霍

披甲保吐

披甲奴琿德尔

披甲依尔歆

披甲魁色克

披甲鄂翁朗

披甲賚全

披甲雅勒

披甲哈蘭

披甲定壽

披甲維明

披甲莊和

披甲平惠

披甲伯凝阿

披甲瑪狗
披甲景歗
披甲瑞全
披甲吉克巧

此佐領下牲丁四十四名

訥恩登額佐領下佐領訥恩登額
八品監生忠連
領催尚慶
領催周明阿
領催明泰

領催雙正
披甲狗狼
披甲周容善
披甲忠壽
披甲平精
披甲周明
披甲雙定
披甲剛色勒

巴淩阿佐領下驍騎校伯慶

此佐領下牲丁十三名

領催西莫善
領催明興阿
領催依克唐阿
領催定住免
領催西楞額
領催英狗
披甲定吉善
披甲英布庫
披甲富常
披甲盛常

披甲景布庫
披甲朗住善
披甲邱旺義
披甲定元
披甲尚常
此佐領下牲丁十六名
此旗下共牲丁四百一十八名
正黄旗
薩彬吐佐領下佐領薩彬吐
佐領瑞慶

騎都尉訥清額

雲騎尉瑞　福

雲騎尉強恰布

雲騎尉英　福

驍騎校富郎旺德

八品監生圖新保

八品監生富清阿

八品監生維新保

八品監生塔克新保

八品監生平　福

八品監生珠庫朗
八品監生維 慶
領催定 鶴
領催勒精阿
領催雅興阿
領催芮 保
領催榮 壽
披甲專山
披甲德穆
披甲布林扎

披甲崇當阿

披甲哲隆阿

披甲保里善

披甲穆精阿

披甲德普西勒吐

披甲哈尔金保

披甲維和布

披甲依勒吐

披甲依徵額

披甲貴格兒

披甲正興阿
披甲永圖善
披甲烏克精阿
披甲邱旺亮
披甲維興阿
披甲松福
披甲莊亮
披甲剛岱
披甲欽保
披甲明壽

披甲額依蒙阿
披甲圖豐阿
披甲巴英額
披甲白圖善
披甲奇普僧額
披甲康薩尔
披甲白隆阿
披甲鉄順
披甲剛春
披甲額哲松額

披甲安住
披甲當忠
披甲博雲托
披甲明保
披甲扎木色楞
披甲精豐阿
披甲勝福
披甲西勒圖
披甲慶海
披甲郭拉吉尔岱

披甲忠善
披甲锡慶

此佐領下牲丁六十四名

奇石巴佐領下佐領西朗阿
雲騎尉景壽
雲騎尉提住善
雲騎尉翁克西克
雲騎尉玉慶
雲騎尉壽剛

雲騎尉色勒布庫
雲騎尉穆克圖善
驍騎校正興阿
驍騎校缺　隆
八品監生恒　通
八品監生穆精額
八品監生愛新布
八品監生安　平
八品監生烏勒吉伯勒和
八品監生缺　欽

八品監生鐵玉旺
八品監生玉旺福
八品監生尼滿吉尔嘎兇
八品監生哈芬布
八品監生興　狗
八品監生英　福
八品監生訥恩登阿
八品監生昂　惠
八品監生雙　明
領　催愛金泰

领催额委筆帖式西拉綳阿

领催農吉布

领催嘎泰罕

披甲淩魁

披甲德豐阿

披甲那斯琿泰

披甲色勒博洛

披甲玉狗

披甲西們扎普

披甲鉄宗

披甲鉄壽
披甲勝福
披甲慶惠
披甲玉順
披甲松壽
披甲里崇
披甲景福
披甲遜伯善
披甲慶保
披甲鉄勇

披甲忠慶阿

披甲景春

披甲蘇綳危

披甲多尔金布

披甲托佛環

披甲色克棟

披甲正都善

披甲全平

披甲景春

披甲破托善

披甲慶　福

披甲雙　和

披甲額勒春

披甲英　福

披甲依克金泰

披甲提揚和

披甲永　慶

披甲文哲琿

披甲常　明

披甲倭克吉布

披甲松保

披甲巴新德

披甲温保

披甲正壽

披甲揚福

披甲安定

披甲棟永多

披甲明社布

披甲勝洪

此佐領下牲丁七十五名

輿福佐領下佐領里輿額
雲騎尉音　德恩
雲騎尉正　崇
八品監生安　壽
八品監生景　朗
八品監生扎　某
八品監生海　狗
領　催維　山
領　催愛吐善
領　催富　霍

領催喀興阿
領催黑吐
領催伯奇善
披甲銅格
披甲里保
披甲額勒胡
披甲哲木尼德
披甲音登阿
披甲額哲吐
披甲業普肯

披甲布困扎普

披甲黑　狼

披甲額勒精阿

披甲保　通

披甲鉄　保

披甲依勒達善

披甲恒　福

披甲精通危

披甲圖西莫免

披甲舒　凌

披甲倭協布
披甲伯興阿
披甲劉新布
披甲巴通阿
披甲巴興阿
披甲周凌阿
披甲烏爾興阿
披甲倭布訥
披甲白明阿
披甲成古訥

披甲雅勒達納

披甲烏来

披甲文忠

披甲圖奇業布

披甲色勒圖穆尔

披甲悅當阿

披甲色楞阿

披甲保圖

披甲依楞額

披甲富壽

披甲和明

披甲愛崇

披甲悦明阿

披甲晳木和德

此佐領下牲丁五十四名

瑞慶佐領下副總管博多洛

佐領同克

雲騎尉景慶

雲騎尉霍普通武

雲騎尉景狗

雲騎尉博勒郭布
雲騎尉額勒通
驍騎校烏勒西善
八品監生巴彥博勒霍
八品監生淩　忠
八品監生白德尔
八品監生巴彥胡
八品監生松　狗
八品監生明　全
八品監生特克新保

八品監生倭西英阿
八品監生烏勒西蘇
八品監生干　通
筆帖式勝　福
領催英　福
領催圖哈吐
領催興　忠
領催穆精額
領催貴　福
披甲班　善

披甲富勒德恩布
披甲耐善
披甲卓里布
披甲和山
披甲景壽
披甲博棟武
披甲通凱
披甲托克托布
披甲英福
披甲吉忠額

披甲興成
披甲那新巴吐
披甲倫春
披甲哲普鏗危
披甲奇克新布
披甲貴吉福
披甲定壽
披甲雙狗
披甲烏與阿
披甲吉隆危

披甲洋春

披甲慶郭

披甲定明

披甲尼雅達木扎普

披甲霍全

披甲英通阿

披甲張里福

披甲忠貧

披甲定海

披甲托尔炳阿

披甲囊阿

披甲霍慶

披甲禄通

披甲古成

披甲正里福

披甲鉄保

披甲白壽

披甲翁慶

披甲德壽

披甲雙慶

披甲正定

披甲平山

披甲克喜克多尔吉

披甲莫巴尔

披甲黑狗

披甲郭喜布

披甲登慶

披甲英春

披甲金壽

披甲庫勒胡勒善

披甲玉旺福
披甲烏勒精阿
披甲保福
披甲舒翁福
披甲庫祿山
披甲英高
披甲昂格
披甲七十六
披甲雙海
披甲保全

披甲明壽

披甲周朗

披甲色勒善

披甲壽慶

披甲倫多

披甲松明

披甲海明

披甲保格免

披甲平和

披甲依里布

披甲常　狗

披甲鈌　狗

此佐領下牲丁九十七名

同克佐領下佐領英新保

雲騎尉狂　慶

雲騎尉鈌　甘

八品監生永　通

八品監生忠　精

領催奇克唐阿

領催維　豐阿

领催精忠

领催博爾托喜

領催明順

披甲文哲善

披甲壽明

披甲劉與阿

披甲維明

披甲伯奇訥

披甲農胡山

披甲平順

披甲文福
披甲精崇阿
披甲倭克吉福
披甲精興阿
披甲瑪新德
披甲阿雅祿維
披甲匡良
披甲斐里布
披甲崇泰
披甲寬德

披甲明　　寿
披甲南　　慶
披甲精　　福
披甲嘎尕嘎岱
披甲金　　禄
披甲金　　慶
披甲扎淩阿
披甲依木伯鴆
披甲丹金布
披甲薩瑪喀

披甲洛尔通武
披甲定元
披甲剛順
披甲倭克全

此佐領下牲丁四十一名

烏克都喜佐領下雲騎尉保壽
驍騎校扎豐阿
八品監生德順
八品監生班吉倫
領催定常

領催松　明

領催正　通

領催都喜布庫

領催必布善

領催珠尔松危

披甲沙克都尔車楞

披甲尉尔德

披甲騰色布庫

披甲常　玉

披甲恩　福

披甲禄充奇

披甲劉順

披甲多郭罗色楞

披甲白福

披甲黑蘭

披甲鉄住

披甲德清阿

披甲文福

披甲多普吞

披甲農吉布

披甲斐洋武
披甲保壽
披甲維興阿
披甲精清阿
披甲德凱
披甲白布庫
披甲芬車恒厄
披甲正善
披甲烏新保
披甲郭勒敏保

披甲慶禄

披甲強恰布

披甲保順

披甲德全

披甲精禄

披甲富色布

披甲明全

披甲厄林布

披甲明順

披甲平福

此佐領下牲丁四十五名

黑狗佐領下雲騎尉黑順
雲騎尉吉克坦布
雲騎尉常壽
雲騎尉尼克通阿
雲騎尉托倫布
雲騎尉額哲蘇
八品監生阿那琿
領催有章阿
領催伯常

领催端布善
领催双明
领催乌尔庆厄
领催特英阿
披甲斡克巴雅尔
披甲来顺
披甲刘顺兑
披甲明唐阿
披甲西普吐勒德依
披甲正顺

披甲端奔扎普
披甲奇普松武
披甲西吞扎普
披甲金保
披甲精色布
披甲敦布朗
披甲章桑阿
披甲隆欽
披甲常禄
披甲季理

披甲翁隆
披甲興格布
披甲恒通
披甲忠豐阿
披甲吉克唐阿
披甲里通阿
披甲車奇布
披甲西普通阿
披甲明忠
披甲清舍布

披甲僧興阿
披甲常狗
披甲禄興阿
披甲興禄
披甲音布善
披甲奇朗
披甲崇德
披甲海常福
披甲壽常
披甲白鎖

披甲正保

披甲色楞棟隆

此佐領下牲丁五十一名

烏勒興阿佐領下佐領烏勒興阿

雲騎尉鉄銅

驍騎校德清阿

八品監生尚慶

八品監生吉朗

領催保定

領催保壽

領催吉尔嘎朗
領催景　禄
領催正　興
披甲景奇善
披甲文　忠
披甲尼堪保
披甲常　亮
披甲依吉吐
披甲拉　巴
披甲舒翁慶

披甲仍清多尔濟

披甲翁連

披甲吉墨善

披甲托興阿

披甲雙壽

披甲保格兔

披甲芍蘭

披甲德保

披甲劉常

披甲色尔吉善

披甲尚常

披甲周慶

披甲金布善

披甲海莫

披甲雙慶阿

披甲金保善

披甲保隆全

此佐領下牲丁三十四名

常雲阿佐領下雲騎尉富明

雲騎尉扎尔多

八品監生洋福
八品監生雙慶
八品監生慶狗
領催額委筆帖式慶德
領催保明
領催保頭
領催白善
領催富陶
領催維明
披甲平和

披甲翁隆阿
披甲景隆阿
披甲昂惠
披甲亮保
披甲劉徵
披甲烏格免
披甲景全
披甲富密善
披甲勇福
披甲景清阿

披甲成　順

披甲松　慶

披甲正　順

披甲德　全

披甲烏和通額

披甲英　倫

披甲英　全

披甲滚楚克多尔濟

披甲愛清阿

披甲張　壽

披甲白淩阿
披甲霍依常

此佐領下牲丁三十四名

三布佐領下驍騎都尉吉明
雲騎尉英常
雲騎尉德明
雲騎尉雙禄
雲騎尉托奇善
驍騎校羅隆阿
八品監生農精阿

八品監生都倫
領催西通阿
領催變順
領催碩通阿
領催卓慶阿
領催扎依崇阿
披甲玉旺定
披甲凌慶
披甲苟順
披甲德壽

披甲定常
披甲梅興阿
披甲白欽保
披甲禄尔德
披甲德依淩阿
披甲賡敦巴吐
披甲豐準
披甲興淩
披甲尚慶
披甲慶壽

披甲景壽

披甲慶福

披甲保欽德

披甲定福

披甲英壽

披甲定帥翁阿

披甲尚祿

披甲勇奇善

披甲勒常

披甲尚福

披甲伯與

披甲雷明

披甲明常

披甲七狼

披甲阿察綳阿

此佐領下牲丁四十二名

托普陞額佐領下佐領常永阿

佐領托普陞額

雲騎尉依林吐

雲騎尉勝常

雲騎尉文成阿
雲騎尉德克恒厄
雲騎尉特業布
雲騎尉雙　福
八品監生扎綿扎普
八品監生保常山
八品監生巴　平
八品監生常　順
八品監生勝　明
八品監生忠　福

八品監生雙　狗

八品監生勝　海

八品監生阿勒唐惠

筆帖式正　明

領　催富克吉善

領催薩壁吐

領催保常全

領催常祿依

領催貴　常

披甲愛　慶

披甲壽朗
披甲鑾琦
披甲平紳布
披甲常保
披甲拉蒙阿
披甲鉄山
披甲車凌
披甲多勒莫
披甲賁清阿
披甲凌忠

披甲阿克都善

披甲七十保

披甲奇克通阿

披甲耐莾善

披甲陶㖊福

披甲尚德

披甲和鳳

披甲壁雅托莫

披甲烏勒吉吐

披甲額楞阿

披甲白遜

披甲阿勒金吐

披甲英通

披甲常薩免

披甲勝元

披甲聶慶阿

披甲凌成

披甲瑞凌

披甲忠德

披甲阿勒哈岱

披甲賡晋布
披甲色勒春
披甲依珠善
披甲英德木布

此佐領下牲丁五十八名

倭克精阿佐領下雲騎尉卯旺𤞞
雲騎尉雙來
雲騎尉來全
領催明壽
領催芮福善

领催有常
领催常狗
披甲達興阿
披甲布空阿
披甲維明
披甲賡精全
披甲平狗
披甲吉通
披甲白蘭
披甲德慶

披甲明禄

披甲明忠

披甲恩特和恩吉尔嘎免

披甲拉興阿

披甲哲清阿

披甲成狗

披甲英朗

此佐領下牲丁二十二名

西朗阿佐領下雲騎尉明常

驍騎校忠興阿

八品監生里　松

八品監生烏勒吉布洋吐

八品監生常　咞

領催明　忠

領催白　蘭

領催常新德

領催田　保

領催常　明

披甲林　布

披甲準忠阿

披甲阿勒丹達喜
披甲烏尕慶危
披甲安卓福
披甲伯慶吉尕嘎兜
披甲慶壽
披甲瑞慶
披甲和川
披甲白壽

此佐領下牲丁二十名

業普春佐領下雲騎尉文壽

雲騎尉霍洛善
驍騎校富慶阿
八品監生景成
八品監生惠來
八品監生保精阿
八品監生貴明阿
筆帖式賽諾木托
筆帖式富常阿
領催慶惠
領催烏廷阿

領催精忠托克托

領催成祿

披甲慶壽

披甲雙忠

披甲凌斐善

披甲維和吐

披甲吉忠厄

披甲平福

披甲巴林任

披甲烏勒西善

披甲周慶
披甲貞保
披甲色勒布庫
披甲吉隆阿
披甲當福
披甲凌忠
披甲哲尔喜
披甲烏尔西善
披甲定壽
披甲布庫綽洛

披甲托尔托

披甲富全

披甲保壽

披甲邱旺亮

披甲明狗

披甲永福

披甲正通阿

披甲景全

披甲訥莫善

披甲英克布桑

披甲狗狼

披甲吉崇阿

披甲舒慶阿

披甲森平

披甲楚古

披甲朗兜

披甲明全

披甲三保

披甲忠順

披甲海陞阿

披甲豊　泰

披甲海　元

興亮佐領下副曾祥順

雲騎尉富　成

雲騎尉貴　慶

雲騎尉雙　慶

雲騎尉狗　狼

驍騎校莽德善

驍騎校豊　順

此佐領下牲丁五十三名

六品監生烏尔恭阿
八品監生豐紳布
八品監生孟郭多依
八品監生興慶
八品監生定特善
八品監生奇克興厄
八品監生格僧厄
八品監生瑪勒吐尔
八品監生伯福
八品監生壽慶

披甲保慶

披甲英崇

披甲額勒狗

披甲興格吐

披甲舒通

披甲英忠

披甲慶德

披甲伯豊阿

披甲瑞慶

披甲正棟阿

披甲雙福

披甲鶴貝

披甲倭克吉布

披甲富尔松阿

披甲鈇蘭

披甲正順

披甲常興阿

披甲色勒恩克喜克

披甲倭克金保

披甲禄慶

披甲那當阿

披甲常新德

披甲蘇精阿

披甲亮新德

披甲巴興阿

披甲富慶阿

披甲永奇善

披甲朗福

披甲慶保

披甲慶霍

披甲伯　忠

披甲劉格免

披甲雙　保

海忠佐領下佐領海忠

佐領七十八

雲騎尉貞棟阿

雲騎尉斐里布

雲騎尉凌　保

八品監生周西狗

此佐領下牲丁七十名

八品監生翁　慶
八品監生清　朗
八品監生平　壽
領催六十八
領催明　定
領催哲克都善
領催保　山
領催凌　慶
領催常　忠
披甲特凌阿

披甲海山

披甲昂定

披甲里松

披甲周西巴

披甲忠慶阿

披甲特克西布

披甲永慶阿

披甲周凌

披甲鉄銅

披甲狼狗

八品監生定　明

領　催依克吉布

領　催索諾木多爾濟

領　催郭喜布

領催正　亮

領催倭克精阿

領　催布尔吉都

披甲能　楚

披甲諾蒙阿

披甲亮　善

披甲吉普松阿
披甲和凌阿
披甲奇蒙多尔济
披甲豐慶
披甲永慶
披甲慶吐木爾
披甲阿克棟阿
披甲忠奇
披甲海慶
披甲卧慶

披甲悦　與
披甲塔凌阿
披甲慶　隆
披甲色勒剛
披甲伯隆阿
披甲海　福
披甲常　祿
披甲慶　明
披甲恩　福
披甲亮　壽

披甲根金保
披甲伯福
披甲英格免
披甲英常
披甲色布朗
披甲保格免
披甲翁凌
披甲禄庆
披甲常佳

此佐領下牲丁四十五名

英新保佐領下佐領黑狗

雲騎尉文　忠

雲騎尉定舒翁阿

雲騎尉忠舒翁阿

驍騎校依克吐善

八品監生林　伯善

八品監生恩特恒厄

八品監生盛　哲　布

領　催定　忠

領　催翁　博　免

頠　催松　海

頠　催依克坦布

披　甲色勒吐善

披　甲圖伯狗

披　甲愛　壽

披　甲奴胡朗

披　甲永慶阿

披　甲平　福

披　甲騰克扎普

披　甲額勒春

披甲永隆

披甲和庆

披甲海忠

披甲舒呑扎普

披甲森哲善

披甲额勒和布

披甲正森保

披甲德兴阿

披甲正全

披甲明寿

披甲勝雲
披甲雙慶
披甲烏爾滚扎普
披甲德海
披甲沙爾古勒郭
披甲和里善
披甲忠吉善
披甲珠爾松額
披甲永通
披甲烏勒興額

此佐領下牲丁四十一名

奇狗佐領下佐領奇狗

披甲依克通武

雲騎尉朗　阿

雲騎尉海　莫

雲騎尉烏　朗

雲騎尉安　福

八品監生保　順

八品監生音　保

領催保　西吐

领催富通阿
领催依克吉福
领催囊海
领催禄尔德
领催朔尔多
披甲哲尔定阿
披甲文福
披甲成朗
披甲凌庆
披甲定常阿

披甲海興

披甲舒慶阿

披甲正德

披甲英托

披甲正新巴吐

披甲伯興阿

披甲景奇善

披甲慶壽

披甲明德

披甲正壽

披甲壽慶

披甲正祿

披甲朔咢福

披甲烏泉

披甲生里布庫

披甲恒壽

里與額佐領下佐領三布

雲騎尉古成

雲騎尉保山

此佐領下牲丁三十四名

八品監生班岱

八品監生悅凌阿

八品監生依力布

八品監生金保

八品監生壽海

八品監生白格免

筆帖式珠隆阿

筆帖式郭勒明阿

領催色嚀阿

領催和色布

領催額設委筆帖式明哲布
領催巴特吐穆尔
領催托普興阿
領催額勒和布
披甲扎奇勒吐
披甲恒倍
披甲吉穆善
披甲額設委筆帖式珠尔嘎善
披甲勝隆
披甲霍普呑

披甲明惠
披甲崇明
披甲沙精德勒和尔
披甲精慶
披甲芮凌阿
披甲欽清阿
披甲來狗
披甲輿格布
披甲章福
披甲烏輿

披甲景興

披甲恒忠

披甲明福

披甲富欽

披甲西里布

披甲霍尔彬泰

披甲忠通阿

披甲阿勒金保

披甲保慶

披甲正郭

披甲烏西勒吐
披甲吉禄善
披甲保林德
披甲小祥
披甲奇明阿
披甲勒番特善

此佐領下牲丁五十九名

此旗下共牲丁九百三十九名

正白旗

明凌佐領下佐領明凌
雲騎尉明庫
雲騎尉明福
雲騎尉常順
八品監生正興阿
八品監生周常
八品監生芳奇
領催依克塔納
領催安保
領催正福

領催景通
披甲定圖善
披甲德豐阿
披甲常庫
披甲胡維
披甲正洋
披甲洋福
披甲哈芬德
披甲定通額
披甲瑪吉吐

披甲慶永
披甲色尔通阿
披甲常明
披甲色勒圖穆尔
披甲明托
披甲德通阿
披甲伯慶阿
披甲慶朗
披甲雙保
披甲興豐阿

披甲雙凌

披甲張福

披甲淩福善

披甲有朗

披甲興和

披甲興新

披甲定通保

披甲慶格

此佐領下牲丁三十八名

薩勒扎瑪佐領下佐領薩勒扎瑪

雲騎尉舒翁正

雲騎尉孟滚桑

雲騎尉英狗

雲騎尉尚格

驍騎校雙德

八品監生德木清阿

八品監生周朗

八品監生興壽

八品監生朗郭善

八品監生常明

八品監生吉勒圖堪
八品監生圖清阿
領催托明阿
領催貴朗
領催哈索綽洛
領催倭協布
披甲英圖善
披甲正格
披甲慶新
披甲精欽保

披甲精扎布
披甲德勒德依布
披甲興崇阿
披甲良新
披甲精奇善
披甲慶壽
披甲哈蘇
披甲凌圖善
披甲尚楚
披甲奇哈吉尔克

披甲都明阿

披甲勝格

披甲淩定

披甲南保

披甲雙福

披甲雙盃

披甲尼明阿

披甲昂吉達

披甲奇嘎尔

披甲亮慶

披甲亮寿
披甲古尼善
披甲特依保
披甲勒特善
披甲格蒙阿
披甲亮喜
披甲英通阿
披甲興崇
披甲鉄山
披甲克克色巴圖

披甲景圖善
披甲勒尔吉訥
披甲慶朗
披甲奇狗
披甲舒翁海
披甲吉朗
披甲恭慶
披甲平海
披甲成忠

此佐領下牲丁六十名

吉林佐領下佐領崇凌

佐領賽清阿

雲騎尉周里善

雲騎尉舒德

雲騎尉奇克坦布

雲騎尉精格布

雲騎尉海福

雲騎尉常海

雲騎尉周福

八品監生阿玉爾扎普

八品監生芮　豐阿
八品監生西　特琿
八品監生圖穆尔布庫
領　催慶　　明
領　催伯勒恒阿
領　催吉　勒特
領　催興　　忠
領　催奐　豐阿
領　　催伯奇布
披　　甲明　忠

披甲豐舍布
披甲多洛岱
披甲富隆善
披甲保明阿
披甲黑格
披甲來慶
披甲依克坦布
披甲訥木薪扎普
披甲貴福
披甲有凌

披甲常陞

披甲剛岱

披甲保福

披甲興福善

披甲德興厄

披甲精蘭

披甲都昇阿

披甲景舍布

披甲舒迷訥

披甲慶崇阿

披甲狗狼
披甲贵忠
披甲庆荣
披甲明寿
披甲精色布
披甲寮洋福
披甲成忠
披甲图朗
披甲阿英福
披甲铁库隆阿

披甲周　福

披甲千　壽

此佐領下牲丁五十二名

賚清阿佐領下雲騎尉扎克都尔

雲騎尉堆　福

雲騎尉忠　慶

雲騎尉精豊阿

八品監生瑞　慶

領催平　扎

領催七　狼

領催依吉布

領催安忠

領催文哲布

披甲綽勒関吐

披甲伯福善

披甲常托

披甲興福

披甲西特洪阿

披甲愛忠

披甲精慶

披甲雙喜
披甲卓力善
披甲額勒德布
披甲剛岱
披甲廸木保
披甲招明阿
披甲明福
披甲額勒德恩保
披甲周常
披甲格尔庫善

披甲昂凌

披甲德舆阿

披甲雙保

披甲慶福

披甲昂慶

披甲德尔舆阿

披甲丹布

披甲白善

披甲常忠

披甲哲吐善

披甲明忠
披甲文哲琿
披甲恩奇
披甲金福
披甲全福
披甲英豐阿
披甲額勒金保
披甲都喜
披甲楚清阿
披甲莊福

披甲莊慶
披甲阿明阿
披甲額勒常
披甲吉楚善
披甲額勒善
披甲精格
披甲正吐
披甲雙明
披甲凱保
披甲常里

披甲里吉善

披甲伯勒根保

披甲精福

披甲舒敏

披甲圖西布庫

披甲圖奥阿

披甲訥恩德福

披甲扎勒嘎蘇

此佐領下牲丁六十五名

克西克吐佐領下佐領奇普奥武

雲騎尉英　忠
雲騎尉斐英嘎布
雲騎尉伯寗阿
八品監生諾蒙常
八品監生興　山
八品監生興　德
八品監生達西隆
領　催烏尔恭阿
領　催烏精阿
領　催訥恩德布

頠　催定　通
頠　催巴哈薩
頠　催綽克通阿
披　甲精　慶
披　甲倭尔托遜
披　甲諾蒙德
披　甲哲農阿
披　甲博凌太
披　甲吉尔嘎布
披　甲正　明

披甲慶常
披甲定森保
披甲和全
披甲常德福
奇普輿武佐領下佐領吉林
佐領輿福
雲騎尉里壽
雲騎尉雙福
雲騎尉常福

此佐領下牲丁二十五名

六品廕生巴　西朗

八品監生那　松阿

八品監生拉　明岱

八品監生色普興額

八品監生文　布

八品監生廸　明

八品監生喜　全

八品監生凌　海

八品監生恒　興阿

領　催翁　福

領催精德
領催正常
領催博清德
披甲常明
披甲托克托布
披甲額勒晋布
披甲額勒德恩布
披甲吉成德
披甲烏勒興危
披甲依布海

披甲西里布
披甲保常
披甲白狗
披甲那斯洪阿
披甲勝福
披甲吉里尉翁阿
披甲文福
披甲扎永阿
披甲那斯渾布
披甲巴彦布

披甲海　狗

披甲德勒善

披甲壽　常

披甲常　全

披甲倭尔清阿

披甲七　狗

此佐領下牲丁四十一名

德依豐阿佐領下佐領德依豐阿

雲騎尉薩音巴雅尔

雲騎尉雲　多善

領催悦松阿

領催奇狗

領催常明

領催貞墨善

領催明祿

領催凌福

披甲常福

披甲巴力孟庫

披甲雙祿

披甲迪木保

披甲維博善
披甲孟壽
披甲都喜布古
披甲慶山
披甲慶隆
披甲勝隆

此佐領下牲丁十九名

富常佐領下佐領富常
雲騎尉忠慶
八品監生吉凌

八品監生梅　　朗
八品監生正　定　福
八品監生達朗霍普多尓
領　催德克精危
領　催雙　　喜
領　催胡特胡善
領　催狗　　狼
領　催恩特恒危
領　催忠　　福
披　甲布庫勒吐

披甲烏勒布
披甲伯奇善
披甲都喜倫
披甲德凌
披甲恳圖善
披甲多斯琿
披甲恩通阿
披甲忠元
披甲忠常
披甲定元

披甲銅朗

披甲常明

洪泰佐領下佐領洪泰

領催明通

領催德興阿

領催庫祿善

領催慶清阿

領催定朗

披甲依隆阿

此佐領下牲丁二十五名

披甲成壽

披甲凌福

披甲英朗

披甲正成

披甲蘇伯通

披甲清托

披甲凌清阿

披甲慶凌

松壽佐領下雲騎尉維明

此佐領下牲丁十五名

雲騎尉正成隆

雲騎尉定壽

驍騎校多清阿

驍騎校霍洛善

八品監生德永阿

八品監生拉哈善

八品監生維忠阿

領催和崇阿

領催哲農阿

領催常禄

领催常格免
领催耐　善
披甲恭能阿
披甲吉明阿
披甲諤勒達善
披甲永輿阿
披甲清　元
披甲達崇阿
披甲三豐阿
披甲朗　明

披甲雙禄
披甲廸普托
披甲常空
披甲保邱旺德
披甲阿林善
披甲來福
披甲凌通
披甲精吞
披甲静山
披甲常尼木布

披甲精色布

此佐領下牲丁三十二名

清明阿佐領下副都統銜總管文成

佐領清明阿

驍騎都尉尚　通

雲騎尉安　福

雲騎尉明　保

驍騎校色興阿

驍騎校奇克興阿

八品監生凌　福

八品監生黑　狼
八品監生清　通
八品監生喜　頭
八品監生珠隆阿
八品監生白　狗
領　催清　亮
領　催辟翁清阿
領　催邱旺保
領　催常明阿
領　催喜　全

領催德依福
披甲明吞
披甲雅豐阿
披甲昂壽
披甲吉布善
披甲賽奇納
披甲雅福
披甲祥壽
披甲洪狗
披甲翁隆

披甲雙　禄

披甲雷　貞

披甲平　興

披甲達崇阿

此佐領下牲丁三十二名

精保佐領下騎都尉依勒坦保

雲騎尉恭亭阿

雲騎尉翁　精

雲騎尉德興危

驍騎校慶　崇

八品監生富農阿

八品監生淩 慶

八品監生富蒙阿

八品監生額 禄

八品監生興 德

八品監生周 朗

八品監生崇興阿

八品監生廷 格

領 催吉勒棟阿

領催蘇勒春保

領催慶林
領催西奇訥
領催清新保
披甲拉奇善
披甲金布善
披甲古斯和
披甲扎豐阿
披甲圖協
披甲里慶
披甲海隆阿

披甲和里特扎木蘇

披甲幹生阿

披甲成福

披甲明常

披甲文福

披甲都西善

披甲忠奇善

披甲托尔興阿

披甲剛福

披甲依林保

披甲色克吞保

披甲布　潤

披甲額勒吉吐

披甲璧勒和洛莫

披甲色克吐

披甲淩　欽

披甲翁　明

披甲英　都

披甲慶興阿

披甲英　福

披甲桑　福
披甲崩　庫
披甲欽　隆
披甲舒翁隆
披甲烏　福
披甲迷勒坦保
崇凌佐領下雲騎尉扎明阿
雲騎尉蘇通阿
八品監生色　通
此佐領下牲丁五十一名

八品監生成　住兒
八品監生綬　蘭
領　催　業　繃　額
領　催　嘎　明　阿
領　催　富　勒　胡　訥
領　催　來　　狗
領　催　巴　尔　金　阿
披　甲　提　明　阿
披　甲　阿　嘎　善
披　甲　依　尔　精　阿

披甲烏新
披甲常朗
披甲貞圖
披甲德通阿
披甲吉興阿
披甲迪隆阿
披甲松朗
披甲西興阿
披甲定忠

比佐領下牲丁二十二名

雙林佐領下總管胡克精額

佐領 景 保

騎都尉多隆武

雲騎尉富 常

雲騎尉慶 山

雲騎尉慶通阿

驍騎校圖明危

驍騎校壽 常

八品監生明 福

八品監生成 玉

八品監生慶　忠

八品監生文哲布

八品監生德新德

八品監生吉克色布

八品監生英　福

八品監生索普多

八品監生淩圖善

八品監生色通阿

八品監生床　里

八品監生烏格兔

八品監生廕　壽
八品監生富　常
領催恩　興
領催精　欽
領催凌　安
領催額　委筆帖式保福
披甲德　常
披甲圖穆尔吐
披甲霍　常
披甲凌　托

披甲明常

披甲順清阿

披甲忠泰

披甲恩清額

披甲成忠

披甲烏興阿

披甲尚福

披甲淩福

披甲訥尒通阿

披甲景常

披甲凌保
披甲成禄
披甲里福
披甲周郎
披甲順福
披甲明忠
披甲定福
披甲依明阿
披甲凌忠
披甲定布

披甲順德
披甲凌新保
披甲興福
披甲海保
披甲吉崇阿
披甲海福
披甲興亮
披甲金吞
披甲興來
披甲貴朗

此佐領下牲丁六十一名

精通阿佐領下佐領精通阿

披甲德勒木保

騎都尉色勒春

雲騎尉正　福

雲騎尉文哲布

雲騎尉奇克興阿

八品監生精興狗

八品監生卓勒博善

八品監生業尒特恩保

八品監生吉壁善

八品監生勇奇善

八品監生正　全

筆帖式精　通

領催成　凌

領催平　海

領催奇普松武

領催崇　吉

領催奴清阿

領催精　狗

披甲慶朗

披甲英福

披甲海凌

披甲玉旺福

披甲尚海

披甲定壽

披甲凌安

披甲那隆阿

披甲遜保

披甲依克坦布

披甲崇善

披甲霍洛

披甲凌忠

披甲精通

披甲德寿

披甲烏尔谷善

披甲慶德

披甲富凌

披甲富森善

披甲翁慶

披甲吉克色布
披甲凝山
披甲依西綳阿
披甲明福
披甲定狗
披甲吉克色布库
披甲勒恩布
披甲博勒托
披甲古清危
披甲倭克吉善

披甲阿克達春
披甲定全
披甲喜吐訥
披甲賁成

英常佐領下副音額勒精厄
佐領英常
佐領雙林
雲騎尉英壽
雲騎尉雙慶

此佐領下牲丁五十二名

雲騎尉哲 凌都喜

雲騎尉烏克松阿

雲騎尉凌 福

雲騎尉周 明

雲騎尉吉厨翁阿

雲騎尉吉奇 蘭

雲騎尉狗 蘭

驍騎校富斯洪阿

驍騎校孟庫吉尔嘎免

驍騎校察 隆阿

八品監生富　泰

八品監生額哲布

八品監生明　雲

八品監生貞德布

八品監生淩　狗

八品監生海豐阿

八品監生陞克布

八品監生奇普遜

八品監生愛吞保

八品監生慶　壽

八品監生墨尔格勒吐
八品監生阿尔綳阿
八品監生蘇豐阿
領催格洪額
領催披雲
領催訥斯洪阿
領催納西吐
領催古勒洪阿
領催平陞
披甲海明

披甲明常

披甲剛岱

披甲雙豐阿

披甲興祿

披甲孟定

披甲青狗

披甲淩慶

披甲海狗

披甲慶壽

披甲察隆額

披甲依薩木善

披甲吉斯洪額

披甲扎農阿

披甲哲空阿

披甲邱旺里

披甲額勒和布

披甲依三札普

披甲明豐阿

披甲常順

披甲淩明

披甲興德

披甲精泰

披甲忠福

披甲烏勒德訥

披甲英狗

披甲順德

披甲清山

披甲明福善

披甲亮海

披甲定松武

此佐領下牲丁六十七名

披甲明惠

披甲伯慶

常福佐領下佐領常福

佐領松壽

雲騎尉多郭尔色楞

雲騎尉劉朗

八品監生蘇克精額

八品監生吉善

八品監生章奇禄

領催慶隆
領催奇普興武
領催西蒙武
領催霍興武
領催尼康岱
領催章海
披甲興德
披甲梅敏
披甲諾精阿
披甲文慶

披甲達哈斯琿

披甲慶德

披甲剛保

披甲維朗

披甲提洋福

披甲楚喜

披甲成慶

披甲珠勒福

披甲奇普通武

披甲招欽保

披甲貝壽

披甲里慶

此佐領下牲丁二十九名

此旗下共牲丁六百八十六名

正紅旗

興福佐領下佐領興福

八品監生色隆阿

領催依不格布

領催明福

領催慶穆

領催慶隆

領催保精阿

領催敏奇

披甲來住免

披甲吉奴善

披甲孟庫特綽尔

披甲托莽阿

披甲慶壽

披甲精遜

披甲文哲布

此佐領下牲丁十五名

文普佐領下雲騎尉忠慶

領催吉明

領催巴洋德勒和architecture

領催洛墨善

領催囊遜

領催翁紳布

披甲托隆阿

披甲德永阿

披甲悦欽保

披甲烏保

披甲定海

披甲吉春

披甲興海

披甲布勒恩扎普

披甲雙凌

披甲正紳布

此佐領下牲丁十六名

凌福佐領下領催當色勒恩扎普

領催巴彥綽克托

領催額尔肯保朗

領　催格恭阿

領　催都新巴吐

披甲常明

披甲興福

披甲松慶

披甲忠凌

披甲精壽

披甲定祿

披甲精格

披甲丹平阿

披甲烏勒西蘇

披甲和西克扎普

披甲蕭慶

披甲倭西業布

披甲翁壽

此佐領下牲丁十八名

明福佐領下八品監生郭凌阿

領催西里布

領催蘇凌阿

領催奇克興阿

領催布善

領催烏尔克蘇

領催托豐阿

披甲厨尔德善

披甲業新

披甲圖哈吐

披甲興全

披甲雙慶

披甲成吉善

披甲吉　隆
披甲尚　福
披甲成　德
披甲囊　明
披甲忠晋布

此佐領下牲丁十八名

穆蘇孟庫佐領下副管壽明阿
佐領英　隆阿
雲騎尉海　忠
六品䕃生郭　凌阿

八品監生英吉勒扎普
八品監生和　成
八品監生忠慶阿
八品監生都　明
領　催都通阿
領　催興　德
領　催保精額
領　催里興額
領　催雙　福
領　催嘎塔布庫

披 甲愛遜

披 甲廉忠

披 甲富奇善

披 甲永恰布

披 甲都喜布

披 甲尼穆善

披 甲辰力

披 甲正隆

披 甲圖尼恰布

披 甲德英福

披甲依川

披甲荣常

披甲额穆尔布库

披甲吉明阿

披甲乌常

披甲喜川

披甲禄依精

披甲精兴福

披甲成喜

此佐领下牲丁三十三名

岱通阿佐領下佐領扎薩吐

雲騎尉奇蒙多爾濟

領 催博勒琿扎普

領 催文 忠

領 催訥恩德春

領 催提 洋福

領 催珠 里善

披 甲保 福

披 甲博隆阿

披 甲貝洪阿

披甲烏新珠
披甲珠　郭
披甲烏格免
披甲額克舍春
披甲羅木松多爾濟
披甲精　楚善

此佐領下牲丁十六名

英隆阿佐領下領催嘎塔善
領催扎木遜扎普
領催滚布善

領催貴寧善
領催貴和
領催貴德
披甲特隆額
披甲旺西業布
披甲章通
披甲萬都善
披甲霍那布
披甲額勒琿
披甲楚淩

披甲迷凝善

披甲明寿

托薩吐佐領下雲騎尉定壽

驍騎校奇喜朗

八品監生奇們多爾濟

領催扎里業

領催奇們壽爾嘎兒

領催花明阿

領催霍爾精阿

此佐領下牲丁十五名

頒催翁壽

頒催常凌

披甲興明

披甲精里

披甲雙明

披甲慶明

披甲興德

披甲吉克坦保

披甲霍尔吉善

披甲德永阿

披甲達哈斯琿
披甲興海
披甲霍尔晋扎普
披甲郭勒晋保
披甲雙慶
披甲班吉善
披甲卓慶阿
披甲倭西布
精德佐領下佐領文普

此佐領下牲丁二十五名

驍騎校圖庒與阿
驍騎校文　忠
領催精唐阿
領催正通阿
領催準　保
領催明　德
領催忠嘎善
披甲周　明
披甲囊　壽
披甲羅清阿

披甲格通阿
披甲雙福
披甲慶德
披甲富慶危
披甲劉鎖
披甲興福
披甲平海
披甲德永阿
披甲恩福
披甲正通鉄剛

此佐领下牲丁二十二名

披甲明　雲

察隆阿佐領下副管都喜博勒多

佐　領察　隆　阿

雲騎尉正　善

驍騎校勒　海

六品廕生成　福

六品廕生都壽慶

八品監生阿　佳

八品監生英　壽

領催鈌銅
領催吹扎普
領催富新扎普
領催海明阿
領催賽沙布
披甲德新扎普
披甲扎新琿
披甲吉達山
披甲托莫善
披甲恒隆

披甲奇克色布
披甲恒　忠
披甲巴哈扎布
披甲倭倫扎普
披甲索勒莫善
披甲吉克圖善
披甲双慶阿
披甲鄰　常
披甲保　常
披甲勒　興

披甲布山

披甲伯福

披甲維洛普

披甲鈇全

此佐領下牲丁三十二名

穆通額佐領下副管吉勒通阿

副管德勒興阿

副管德克德布

佐領德特興厄

佐領盛通阿

佐領穆通額
雲騎尉德雲
雲騎尉尚福
驍騎校依綳阿
驍騎校巴彦特慕
驍騎校興清阿
驍騎校騰色布
驍騎校双凌
驍騎校英壽普
八品監生忠凌

八品監生富明
八品監生凌松阿
八品監生双福
八品監生英來
八品監生永恰布
八品監生凌欽
八品監生貞吐善
八品監生奇善
領催木特布
領催章興阿

领催乌隆阿
领催成寿
领催勒通阿
领催正禄
披甲额尔登厄
披甲寿明
披甲嘎勒达尼玛
披甲依桑阿
披甲哈勒洪阿
披甲安彬巴

披甲莊成

披甲托尔托善

披甲色勒恩綽克托

披甲双慶

披甲正慶

披甲烏尔恭危

披甲達清阿

披甲德扎普

披甲嘎勒炳阿

披甲依勒新達喜

披甲雙凌阿

披甲訥勒和布

披甲彬福

披甲周興阿

披甲特尔欽扎普

披甲楚明阿

披甲烏尔滾扎普

披甲禄善

披甲亮壽

披甲西里布

披甲周慶
披甲雙壽
披甲托凌阿
披甲興禄
披甲烏尔古孟庫
披甲伯福
披甲洋福

此佐領下牲丁六十二名

忠保佐領下佐領明福
佐領凌福

八品監生班吉尔達喜
八品監生常　雲
八品監生富勒洪危
八品監生依勒嘎布
領　催吉　瑪　布
領　催扎拉豐阿
領　催拉木西勒業
領　催伯奇　吐
領　催額勒和薩喀
披　甲新慶　阿

披甲額哲善
披甲明凌
披甲吉凌阿
披甲海隆阿
披甲德明阿
披甲雙狗
披甲雙西德
披甲松常
披甲恩德琿
披甲愛明阿

披甲鐵山

披甲西們托克托

披甲圖薩布

披甲德全

披甲富隆阿

此佐領下牲丁二十七名

雙凌佐領下雲騎尉胡明額

雲騎尉里平泰

驍騎尉里豐阿

領催和善

領催明　忠
領催賽沙布
領催西特和布
領催景　壽
領催德清阿
披甲德　常
披甲伯奇訥
披甲定　忠
披甲托克托布
披甲胡克吉布

披甲保明
披甲吉忠阿
披甲成凌
披甲色克西布
披甲巴彦多尔济
披甲格通阿
披甲成忠
披甲興忠
披甲巴勒遜多尔濟

此佐領下牲丁二十三名

買通阿佐領下領催巴圖納

領催德　明

領催保　凌

領催慶　來

領催阿明阿

披甲慶　凱

披甲興忠阿

披甲吉家善

披甲周　朗

此佐領下牲丁九名

責精阿佐領下佐領責精阿
雲騎尉里　松
八品監生景格布
領催班吉　善
領催慶松阿
領催業普鏗額
領催里　成
領催來　全
領催湊　欽
披甲依勒吞

披甲里克吐善

披甲依禄善

披甲慶楚

披甲德西福

披甲倭興阿

披甲刘清危

披甲海全

披甲阿克盡庫

披甲阿克西布

披甲凌格布

披甲文　慶

披甲興里布

披甲景車布

披甲常新扎普

披甲伯明阿

披甲圖尼恰布

披甲吉　全

披甲成　壽

披甲蘇力布

披甲德隆尼

披甲𠚤薩布

披甲愛新吉爾嘎兒

此佐領下牲丁三十二名

恩特興阿佐領下驍騎校郭銷

驍騎校𩨨壽

領催海凌

領催劉保

領催提郭

領催明凌

領催賽通阿

披甲景　壽

披甲昂　壽

披甲和新多尔濟

披甲景興阿

披甲特尔慶阿

披甲雙　元

披甲勒　春

披甲尼音布

披甲凌　春

披甲雙　成

披甲保全
披甲雙和
披甲黄朗
舒明阿佐領下佐領舒明阿
領催吉明阿
領催明達阿
領催班吉尔奇
領催扎們托克托
領催雙福
此佐領下牲丁二十名

披甲富林扎普
披甲阿迪善
披甲巴尼音扎普
披甲拉木西里業
披甲班達克扎普
披甲烏勒胡善
披甲亮欽
披甲達瑪林扎普
披甲雙凌
披甲保明

披甲奇墨

披甲家成

披甲那斯琿

披甲保明阿

披甲桑巴雅

披甲良清阿

披甲明狗

披甲拉達納

披甲保福

披甲布音扎普

披甲保住

披甲阿克敦札普

披甲囊钦

披甲双狗

披甲占博勒多尔济

披甲明克奇克札普

此佐领下牲丁三十二名

此旗下共牲丁四百一十五名

镶白旗

和山佐領下佐領和山

佐　領定　羅

雲騎尉富容善

雲騎尉那呼隆

雲騎尉精　祿

領　催明　泰

領　催尚　福

領　催孟庫西勒伯

領　催保亭阿

領　催囊　福

領催精全
領催額勒德善
披甲正吐善
披甲精凌
披甲正兜
披甲壽定産
披甲富克吉保扎普
披甲英福
披甲德音德禄
披甲悦蒙阿

披甲凌德
披甲平福
披甲正德福
披甲和川
披甲諾蒙阿
披甲斡肯扎普
披甲索楝多尔濟
披甲明全
披甲明芬善
披甲德普善

披甲慶福
披甲忠隆
披甲諾們札普
披甲精春言宋嘎兔
披甲西棟阿
披甲德吐兔
披甲雙福
披甲德全
披甲正哲布

此佐領下牲丁三十九名

興常佐領下佐領興常

驍騎校哈拉勒岱

驍騎校拉尔松阿

八品監生額勒郭

領催雙德

領催都凌阿

領催精郭

領催吉奴善

領催尚郭

披甲蕭郭

披甲阿木歟扎普
披甲凌達布
披甲德凌
披甲鉄壽
披甲興德
披甲常凌
披甲恩特和善
披甲奇狗
披甲富明
披甲平祿

披甲常明

披甲海明

此佐領下牲丁二十二名

定禄佐領下領催正福

領催富歐扎普

領催明惠

領催滚芬扎普

領催興福

披甲精德

披甲托興阿

披甲慶福善

披甲根通阿

披甲里明凱

披甲額尔克西墨兔

披甲文忠阿

披甲托奇善

披甲依勒洪阿

披甲棟通

披甲德蘇

披甲德福

披甲平凌
披甲精色布
披甲和哲布
披甲當珠免
此佐領下牲丁二十一名
愛新多尔濟佐領下佐領愛新多尔濟
雲騎尉尚保
驍騎校巴奔隆
驍騎校孟庫巴吐
八品監生恭明

領 催富克金特依

領 催業 奴 善

領 催精 德

領 催額尔克塔穆

領 催圖 凌 危

領 催平 明

披 甲慶 遜 保

披 甲郭德恩保

披 甲尼倫扎普

披 甲精爵翁 阿

披甲文忠
披甲西農阿
披甲里福善
披甲恒福
披甲恒福善
披甲保精
披甲額勒德林扎普
披甲額尔肯博勒多
披甲維慶

此佐領下牲丁二十四名

凌豊阿佐領下佐領凌豊阿

領催伯慶德

領催依吉斯琿

領催德普善

領催庫們特依

領催富全

披甲明清阿

披甲精凱

披甲平郭

披甲吉哈布

披甲古尼音扎普

披甲精圖祿

披甲維豐阿

此佐領下牲丁十三名

明德佐領下佐領明德

驍騎校西墨善

八品監生明吉尔嘎包

八品監生雙林

領催髙明

領催忠小

領催精壽

領催精明

領催正慶

披甲忠凌

披甲布祿善

披甲巴哢阿

披甲常祿

披甲富森扎普

披甲巴圖魯

披甲精林

披甲烏凌危

披甲壽福

披甲平全

披甲貞德善

披甲唐福

披甲白欽扎普

披甲祿格免

披甲珠尔嘎善

披甲精惠

披甲唐壽

披甲德貴

披甲慶福

披甲吉慶

披甲雙明

披甲正全

披甲常明

披甲精有

此佐領下牲丁三十三名

此旗下共牲丁一百五十二名

鑲紅旗

諾欽嘉嘎兒佐領下佐領諾欽嘉嘎兒

雲騎尉恒林

領催依孟克喜克

領催德林

領催巴彥扎

領催色楞章

領催占楚琿

領催色克精厄

披甲伯敏

披甲占楚洪阿

披甲明福

披甲明忠

披甲吉勒章阿

披甲章敏

敏

此佐領下牲丁十四名

德全佐領下佐領德全

雲騎尉清定

雲騎尉吉斯洪阿

驍騎校西墩扎普

八品監生清　亮
領　催慶　隆
領　催額特恩哲
披甲有　明
披甲明　壽
披甲富　全
扎斯洪阿佐領下八品監生明定
領　催明　慶
領　催花沙布
此佐領下牲丁十名

額催雙明
領催雙慶
領催德明
披甲成明
披甲平玉

此佐領下牲丁八名

蒙庫巴雅爾佐領下佐領蒙庫巴雅爾
領催梅山
領催伯慶
領催伯凌

領催富明阿

披甲常福

披甲雙徵

披甲興福

披甲伯奇德

此佐領下牲丁九名

莫諾惠佐領下雲騎尉阿克棟克西克

領催西特洪阿

領催阿克敦扎普

領催多興阿

領催阿克敦吉尔嘎免
披甲那斯洪阿
披甲格勒布善
披甲蘇禄善

狼狗佐領下佐領狼狗
驍騎校慶山
領催勇慶
領催伯奇布庫
領催景福

此佐領下牲丁八名

領催勇奇巴雅尔
領催洋　福
披甲伯尼音巴吐
　　此佐領下牲丁八名
多們扎普佐領下佐領多們扎普
佐領扎斯洪阿
佐領莫諾惠
驍騎校胡圖林扎普
驍騎校德　凱
驍騎校奇克通克西克

驍騎校常　興
八品監生奇　善
領催吉　善
領催吉奴　善
領催都倫扎普
領催那尔洪阿
領催德　慶
領催忠　德
披甲奇克通額
披甲德通阿

披甲雙福
披甲訥恩德善
披甲正壽
披甲慶隆
披甲景保
披甲正全

此佐領下牲丁二十二名
此旗下共牲丁七十九名

正藍旗

卧尔托吉尔嘎兜佐領下佐領卧尔托吉尔嘎兜

驍騎校德勒和爾慶
八品監生文楚克扎普
領催紳通危
領催蘇定危
領催布彥烏勒濟
領催烏爾托那蘇
披甲明海
披甲烏明阿
披甲蘇敏吉爾嘎兒
披甲卧爾托克西克

披甲凌凯

披甲布洋善

披甲達吉尔

披甲保明克兕

披甲平阿

披甲定寿

披甲當新扎譜

披甲里精阿

明興阿佐領下佐領明興阿

比佐領下牲丁十九名

雲騎尉勇敦扎普
驍騎校訥尔通額
驍騎校穆金扎普
領 催圖新吉尔嘎兎
領 催景 福
領 催圖尚阿
領 催景 禄
領 催吉奴恩扎普
領 催永 忠
披 甲烏敏吉尔嘎兎

披甲旺奇克扎普
披甲依蘇琿吉尔嘎允
披甲明禄
披甲烏朋阿
披甲忠敏
披甲尼蘇琿吉尔嘎允
披甲有常

此佐領下牲丁十八名

吉隆阿佐領下佐領吉隆阿
八品監生丹巴多尔吉

八品監生精　常

領　催有敏扎普

領　催佛爾吉訥

領　催元平阿

領　催英　常

領催布雅奴勒扎普

領　催慶　亮

披　甲尉　德

披　甲麟　明阿

披　甲特克新多尔吉

披甲尨尔坦保

披甲書明阿

披甲明福

披甲那西奴尔吐

披甲穆禄紳

披甲蘇隆阿

披甲吉克色布

此佐領下牲丁十九名

鑲藍旗

此旗下共牲丁五十六名

富全佐領下領催伯欽吉尔嘎免

領催正善

領催圖普新

披甲蘇明札普

披甲章忠依

披甲西們德

披甲那西奴尔吐

披甲精色布

披甲諾們伯勒和

披甲烏尔古勒蘇

披甲正福

披甲廷格

舒敏佐領下佐領舒敏

驍騎校特普新吉尔嘎兒

領催托普興阿

領催圖尾綳阿

領催尼都善

領催永恰布

領催興根保

此佐領下牲丁十二名

披甲布尔吉善

披甲薩音克喜克

披甲特 普新

披甲巴彦住拉

披甲閔盆克喜克

披甲額哲 吞

披甲定 福

披甲関奔扎普

披甲薩音巴雅尔

披甲清 林

此佐領下牲丁十八名

披甲元平阿

西拉布佐領下驍騎校訥蘇肯

驍騎校碩爾吉善

驍騎校章興阿

八品監生額勒德恩

領催富色布

領催白喜

領催諾蒙克西克

領催蘇敏吉尔嘎兜

領催訥敏吉尔嘎兑
披甲伯凌阿
披甲鈾木清阿
披甲永慶阿
披甲吉善
披甲正亮
披甲興順
披甲邱旺明
披甲斐英林
披甲忠常

披甲興海

富明佐領下領催巴彥扎

領催訥蘇肯

領催章明

領催訥客善

領催正豐阿

披甲珠勒格善

披甲胡遜保

披甲蘇淩阿

此佐領下牲丁十九名

披甲僧綳阿

披甲倭西布

披甲富森吉尔嘎兔

披甲額哲琿

披甲伯奇布

披甲色音吉尔嘎兔

披甲常凌

披甲郭外奇克扎普

披甲烏吉布

披甲訥敏扎普

披　甲巴雅孟庫
披　甲烏尔滚托普
披　甲金　保
披　甲正　喜
披　甲哲尔吉善

此佐領下牲丁二十三名

那新吉尔嘎兜佐領下佐領那新吉尔嘎兜
雲騎尉伯　慶危
雲騎尉扎　拉　布
驍騎校西們吉尔嘎兜

領催森圖善
領催正豐克西克
領催貝洪阿
領催慶福
領催訥松厄
領催特普新吉爾嘎兒
披甲璧勒特善
披甲那新扎普
披甲色業布布
披甲富克西克

披甲玉尼臣

披甲英山

披甲慶林

披甲穆吉訥

此佐領下牲丁十八名

此旗下共九十名

以上共丁二千八百名每丁

應交貂皮一張貂条並

將旗佐名目部、聲明須

至冊者